Besuchen Sie uns im Internet:

www.glaubenssachen.de

AF648389

FRANK MAIBAUM war drei Jahrzehnte Pfarrer in Ruhrgebiet und Münsterland sowie Autor von Büchern und Internetportalen.
Er war überdies viele Jahre Mitglied der Deutschen Gesellschaft für Verhaltenstherapie und Hochschullehrbeauftragter für Verhaltensbeobachtung/Gesprächsführung.

Weitere Bücher von Frank Maibaum > www.glaubenssachen.de:

Das Taufbuch
Der praktische Ratgeber für alle, die ihr Kind taufen lassen und die Feier selbst mitgestalten möchten.

Das Abschiedsbuch
Das Buch begleitet Sterbende und unterstützt Hinterbliebene bei der schweren Aufgabe, eine Bestattungszeremonie zu planen.

Liebe wird sein, Liebe, was sonst
Gedichte und Geschichten, die Antworten geben auf Fragen nach dem Jenseits. Sie trösten und sind gute Grundlagen für Trauerreden.

Ich ruf dir meine Liebe zu ...
Gedanken, Texte und Gedichte, die ausdrücken, was man als Trauernder noch sagen und hören kann.

ISBN 978-3-87503-276-5
Cover: Frank Maibaum
FSC-zertifiziertes Papier aus verantwortungsvollen Quellen

Frank Maibaum

Ja – weil ich dich liebe !

Edition Steinkopf

1.

Begrüßung

Vor dem Standesamt, vor der Kirche oder zu Beginn der freien Zeremonie bzw. zum Sektempfang nach der Trauung kann das Brautpaar die Gäste willkommen heißen.

Vor dem Standesamt oder der Traukirche

Zwei werden eins

Wow, da seid ihr ja! Dieser heutige Tag ist für uns ein ganz besonderer Tag, ein Höhepunkt in unserem Leben. Danke, dass ihr uns mit diesem Glück nicht allein lasst; dass ihr hier seid, um diese Freude mit uns zu teilen und uns zu gratulieren!

Wir beide sind als zwei gekommen und als zwei gehen wir nun da hinein. Als eins werden wir nachher herauskommen – als ein Paar, das zusammengeschweißt ist durch das Jawort, durch die Ringe und natürlich durch die Liebe. Ja, das ist ein wunderbarer Grund, uns zu gratulieren. Schön, dass ihr da seid!

Wenn das Glück überschäumt

Ihr seid gekommen, weil ihr neugierig seid. Neugierig darauf, zwei überaus glückliche Menschen zu sehen. Dann passen wir heute gut zusammen. Denn auch wir zwei sind überaus neugierig. Wir sind neugierig, wie es sich anfühlt, JA zueinander zu sagen, neugierig, wie der erste Kuss als Ehepaar schmeckt und wie es sich anfühlt, wenn das Glück in einem überschäumt. All unsere Neugier wird heute gestillt. Schön, dass wir das miteinander erleben dürfen. Es freut uns, dass ihr da seid; bis gleich.

Die beiden glücklichsten Menschen

Schön, dass ihr da seid! Ihr seid hier, um die beiden glücklichsten Menschen zu sehen. Ihr werdet nicht enttäuscht. Hier sind wir, die zwei glücklichsten Menschen der Stadt, der Welt, des Universums. Hier sind wir, die zwei, die es nicht erwarten können, JA zu sagen; die zwei, die ohne den anderen nicht leben möchten. Schaut uns genau an. So sieht übermäßiges Glück aus. Und nun werden wir da hineingehen und laut JA sagen. Ja, wir wollen! – Ja, wir wollen glücklich bleiben miteinander, ein Leben lang!

Neugierig

Da sind wir. Es freut uns, euch hier so erwartungsvoll zu sehen! Herzlich willkommen! Hoffentlich habt ihr reichlich Neugier mitgebracht. Denn die wird heute gestillt – eure Neugier darauf, wie man vorher und nachher aussieht – vor dem JA, ICH WILL und nach dem JA, ICH WILL. Und sicher seid ihr neugierig, unsere ersten Küsse als frisch vermähltes Paar mitzuerleben. Ich verrate euch etwas: Wir zwei sind genauso neugierig. Wir werden uns also alle gemeinsam überraschen lassen. Los geht's!

Gottes Segen

Herzlich willkommen! Wir grüßen euch! Hier stehen wir nun, zwei Menschen, die sich ein Leben ohne den geliebten Menschen nicht mehr vorstellen können; zwei Menschen, die es nicht abwarten können, am Altar JA zu sagen. Ja zueinander. Ja, mit dir möchte ich mein Leben teilen. Dazu werden wir Gottes Segen erhalten. Es freut uns besonders, dass ihr in diesem großen Augenblick bei uns seid. Geht schon hinein, es ist genug Platz in der Kirche; der Pfarrer wartet bereits.

Nach dem Herauskommen aus dem Trauzimmer bzw. der Traukirche

Es freut uns sehr, dass so viele Menschen hier sind, die uns gratulieren möchten. Bemerkt ihr an uns beiden eine Veränderung? Schaut uns genau an. Als zwei sind wir gekommen, als zwei gingen wir da hinein. Und nun kommen wir als eins heraus – als ein Paar, das zusammengeschweißt ist durch das Jawort, durch die Ringe und in erster Linie durch die Liebe. Ja, das ist ein wunderbarer Grund, uns zu gratulieren. Schön dass ihr da seid! Also kommt, ziert euch nicht, gratuliert uns in der Kirche.

In der Kirche

In der Kirche kann eine Begrüßung durch das Brautpaar sinnvoll sein, wenn viele der Anwesenden danach nicht an einem Empfang oder der Hochzeitsfeier teilnehmen.

In Gottes Hand

Viele Überlegungen, Planungen und Entscheidungen liegen hinter uns. Wie soll der Tag gestaltet werden? Was ziehen wir an? Wird alles gelingen? Wird es schön werden? Lässt uns das Wetter nicht im Stich? Solche und ähnliche Fragen bewegten und belasteten uns in den letzten Wochen und Tagen. Gut, dass wir den Höhepunkt unseres großen Festes in dieser Kirche feiern. Denn diese alten, festen Mauern geben uns Geborgenheit und rufen uns zu: „All deine kleinen und größeren Sorgen gib in Gottes Hand. Es ist nun Zeit, sich unbeschwert zu freuen!“ Wir freuen uns, dass ihr gekommen seid, um mit uns zu feiern, und bitten, dass nichts anderes als Liebe alle Herzen bewegt.

Danke

Wir haben heute viel Grund, DANKE zu sagen. Danke, dass ihr alle da seid. Danke, dass ihr uns mit gutem Rat und kräftiger Tat geholfen habt. Danke, dass wir euch so wichtig sind. Danke, dass ihr uns so gern habt. Danke, dass Oma Else hier sein kann, wir haben so um ihre Gesundheit gebangt. Danke, dass Gerd sich auf den weiten Weg zu uns gemacht hat. Danke, dass ihr mit uns hofft und betet, singt und lacht. Mit euch zusammen sind wir überglücklich und stark. Mit euch und Gottes Segen sind wir überglücklich, stark und unschlagbar. Danke!

Zum (Sekt-) Empfang

nach der standesamtlichen,

kirchlichen oder freien Zeremonie

Persönliche Worte an einzelne Gäste

- Schön, dass du kommen konntest!
- Mich freut besonders, dass du den weiten Weg gemacht hast!
- Wir hatten noch keine Gelegenheit, uns zu begrüßen. Herzlich willkommen!
- Wir haben uns lange nicht gesehen; lass dich umarmen!

Das Schönste

Hallo, ihr Lieben, schaut uns an! – Wie sehen wir aus? Gut sehen wir hoffentlich aus. Wir haben uns ja auch so schick gemacht wie selten. Schaut noch genauer hin. Ihr könnt noch etwas entdecken. – Ich bin sicher, dass wir glücklich aussehen. So fühlen wir uns jedenfalls. Ihr seht hier zwei Menschen, die überaus glücklich sind, weil es kaum etwas Schöneres im Leben gibt, als JA zueinander zu sagen. Das ist das Schönste! Schön ist auch, dass ihr gekommen seid, dies mit uns zu erleben. Gern stehen wir mit diesem Glück heute im Mittelpunkt. Vielleicht springt etwas davon auf euch über. So stoßen wir an, auf uns und euch. Zum Wohl!

Lebenslänglich

Ich grüße euch, ihr Lieben! Lebenslänglich – lebenslänglich ist heute über uns verhängt worden. Für manche Menschen ist LEBENSLÄNGLICH sicher eine Horrorvorstellung. Aber für uns zwei ist es das Schönste, was es geben kann, das Schärfste, was wir uns vorstellen können: lebenslänglich miteinander. Mit Freude sehen wir, dass so viele Menschen gekommen sind, um dieses große Glück mit uns zu feiern. Seid willkommen! Schön, dass ihr da seid! Das Buffet ist eröffnet.

2.

Einander anvertrauen

Der gemeinsame Einzug von Braut und Bräutigam bzw. das Hereinführen der Braut mit der Übergabe an den Bräutigam sind symbolische Handlungen. Solche Zeichenhandlungen muss man nicht kommentieren; was sie ausdrücken, versteht sich von selbst.

Doch Zeichenhandlungen lassen sich durch einen kurzen Hinweis vertiefen. So kann der Brautführer die Bedeutung der Brautübergabe mit ein paar Worten verdeutlichen. Eine solche Erklärung soll keine Rede sein; ein Satz genügt.

Wenn der Brautvater die Braut hereinführt

- Mit all unseren lieben Gedanken und Wünschen sind wir bei euch.

- Wir haben unsere Tochter stets mit unserer Liebe begleitet. Jetzt nimmst du ihre Hand. Also werden wir nun mit der gleichen Liebe euch beide begleiten.

- Mit glücklichem Herzen sehen wir, wie ihr nun gemeinsam weiter durch das Leben geht!

- Schon in der Bibel steht, dass der Mensch Vater und Mutter verlassen wird, um eine neue Verbindung einzugehen. Also gebe ich sie an deine Hand. Wir vertrauen darauf, dass du ihr ein liebevoller Partner bist und sie dir eine liebevolle Partnerin.

- Wir haben stets „Ja“ zu ihr gesagt und immer gerne ihre Hand gehalten, so wie deine Eltern „Ja“ zu dir sagten. Heute dürfen wir erleben, wie ihr zwei zueinander „Ja“ sagt. Ein größeres Glück kann es auch für Eltern kaum geben.

- Wir sind dankbar dafür, dass ihr euch an die Hand nehmt und den Lebensweg gemeinsam weitergeht.

Andere Personen, wie Geschwister oder Freundinnen, können die Braut zum Traualtar/Trautisch führen und in Worte fassen, was diese symbolische Handlung ausdrückt:

Es gibt kein größeres Glück, als wenn zwei Menschen bedingungslos Ja zueinander sagen. Wir freuen uns, dass wir heute euer Ja zueinander erleben dürfen. Wir freuen uns mit euch. Wir hoffen und beten, dass ihr glücklich werdet. Weil wir euch so mögen, geben wir euch gern einander an die Hand. Vergesst nicht, dass ihr Freunde habt, die sich mit euch freuen, die für euch da sind und die immer hinter euch stehen.

Der beste Freund des verstorbenen Brautvaters übernahm die Rolle des Brautführers und sprach zum Bräutigam:

Unsere Gedanken sind heute auch bei Ingas Vater. Er hätte sie so gern zum Altar geführt. Als sein guter Freund habe ich das übernommen. Doch ich tue es nur in Stellvertretung; ich bin bloß seine Hand und träume davon, dass er es sieht und mit uns glücklich ist.

3.

Trauversprechen

Treuegelöbnisse

Ob im Standesamt, in der Kirche oder bei der freien Trauung: Das Trauversprechen gehört als Treuegelöbnis zur Trauzeremonie. Dieses Gelöbnis wird abgelegt, indem Braut und Bräutigam die Frage nach ihrer Bereitschaft zu Liebe und Treue (Traufrage) mit „Ja" beantworten. Das Jawort kann durch ein selbst formuliertes Versprechen vertieft und ergänzt werden.

Für dieses Gelöbnis finden wir viele Bezeichnungen: Ehegelöbnis / Ehegelübde / Treuegelöbnis / Treuegelübde / Traugelöbnis / Traugelübde / Trauversprechen / Eheversprechen / Vermählungsspruch / Vermählungswort / Trauerklärung / Traubekenntnis / Konsenserklärung.

Braut und Bräutigam können nacheinander das gleiche Gelöbnis sprechen oder sich für unterschiedliche Formulierungen entscheiden.

Ich will dich lieben und dir treu sein, solange ich lebe

Wie habe ich mich nach dir gesehnt, habe geträumt, dir einen Augenblick nahe zu sein. Der Augenblick hat mich schon glücklich gemacht, doch er ist mir nicht mehr genug – selbst eine Stunde ist nicht mehr genug, auch ein Tag nicht. Ein Leben lang muss es sein. Daher sage ich Ja. Ja, ich will dich lieben und dir treu sein, solange ich lebe!

Hingezogen zu dir

Ich fühlte mich hingezogen zu dir, wollte dir nahe sein. Nun bist du ein Teil von mir. Ich bin ein Teil von dir, so nahe sind wir uns nun. Mein Leben ist neu durch dich. Darum sage ich Ja. Ja, ich will dich lieben und dir treu sein, solange ich lebe!

Für immer

Ich, Sonja, wähle dich, Sven, zum Ehemann, als Begleiter schöner Zeiten, als Tröster trauriger Stunden, als besten Freund bis ans Ende aller Zeit. Lass uns gemeinsam genießen, was immer unser Leben an Gutem, an Freude und Glück bringen wird. Lass uns gemeinsam tragen, was immer unser Leben auch an Traurigkeit und Sorge bringen wird. Mit diesen ausgesprochenen Worten und all den Worten, die noch in meinem Herzen liegen, sage ich Ja. Ich verbinde mein Leben mit deinem – für immer. Nimm diesen Ring als Beleg.

Ein Leben lang

Ich, Sven, wähle dich, Sonja, zu meiner Ehefrau. Ich will dich achten, umsorgen, lieben, mit dir meine Wege durchs Leben gehen in guten und ebenso in harten Zeiten, als Freund, Begleiter, Partner, ein Leben lang. Was möglich ist, will ich dir schenken, damit unser Glück sich gemeinsam ein Leben lang erfüllt. Nimm diesen Ring als Pfand!

Mit dir ist mein Leben erfüllt

Seit wir uns das erste Mal nahekamen, bin ich erfüllt von Glück. Ich spüre in jedem Augenblick: Du gehörst zu mir! Mein Leben möchte ich mit dir verbringen. Ich werde sicher nie das Gefühl haben, etwas zu vermissen oder zu verpassen, solange du bei mir bist. Mit dir ist mein Leben erfüllt. Ich verspreche, dass ich in guten und in schweren Zeiten für dich da sein werde. Ich verspreche dir Liebe und Treue ein Leben lang.

Liebe und Treue

Ohne dich kann ich mir mein Leben nicht mehr vorstellen. Ich bin so dankbar, dass unsere Wege sich trafen. Dein Glück soll mir immer am Herzen liegen, denn ich liebe dich von ganzem Herzen und gebe dich nie mehr her. Das will ich dir an jedem Tag unseres gemeinsamen Lebens beweisen. Ich verspreche, dass ich in guten und in schweren Zeiten für dich da sein werde. Ich verspreche dir Liebe und Treue ein Leben lang.

Weiterhin so glücklich

Ich, Marina (Samuel), nehme dich, Samuel (Marina), zu meinem Ehemann (zu meiner Ehefrau). Ich möchte weiterhin so glücklich sein, wie ich bin, seit wir uns kennen. Ich werde immer dein größter Fan sein und alle Geheimnisse mit dir teilen. Auf mich kannst du dich verlassen wie auf niemand sonst in dieser Welt. Mit dir möchte ich eine Familie gründen. Ich werde alles Mögliche dafür tun, dass darin Freude, Geduld, Verständnis und Liebe herrschen. Wir werden miteinander alt werden; und was immer wir noch werden, wir werden es gemeinsam. Was die Zukunft uns auch bringt, unsere Liebe wird lebendig bleiben jeden Tag. Ich will dich treu lieben an hellen und an dunklen Tagen, solange ich lebe.

Für dich da sein

Ich möchte das Beste sein, das dir im Leben passiert ist. Ich werde für dich da sein, wenn du mich brauchst. Ich möchte dich unterstütztzen und bestärken in allen Dingen, die dir wichtig sind. Bei mir darfst du sein, wie du bist; du brauchst dich nicht zu verstecken. Lache, weine, träume, spinne – je nachdem, wie dir zumute ist. Ich möchte, dass du dich bei mir frei fühlst. Wir gehören untrennbar zusammen. So soll es sein ein Leben lang!

Dich glücklich zu machen

I. Ich möchte alles tun, was nötig ist, um dich glücklich zu machen. Denn auch ich bin glücklich und dankbar durch dich. Ich möchte dir nahe sein in allem Glück, aber auch in Traurigkeit, in Gesundheit und Krankheit, in Stärke und Schwäche. Ohne Worte werde ich wissen, was in dir vorgeht. Nie sollst du sagen müssen: Keiner ist da, der mich versteht.

II. Ich möchte dir Rat geben, wenn du nicht weiter weißt, dir zuhören, ob du Freudiges zu berichten hast oder Trauriges. Ich werde spüren, wenn du mich brauchst, dir beistehen, wenn du Rückhalt benötigst. Wir gehören untrennbar zusammen. So soll es sein ein Leben lang! Nie sollst du sagen müssen: Ich bin ganz allein.

Bedingungslos

Ich liebe dich bedingungslos, ohne jeden Zweifel und ohne jegliches Zögern. Ich verspreche, dich weiterhin zu lieben, dich zu ermuntern, dir zu trauen und dich zu achten, so wie du bist. Als Familie werden wir ein Heim schaffen, das geprägt ist durch miteinander Wachsen, zusammen Spaß haben, voneinander Lernen, gemeinsam Lachen – und das durchzogen von Liebe, Treue, Respekt und gegenseitigem Mitgefühl. So soll es sein – ein Leben lang. (Nimm diesen Ring als Beleg für mein Versprechen!)

So soll es bleiben – solange wir leben

Bräutigam: So möchte ich, dass wir miteinander leben:
süchtig nach uns – aber nicht eifersüchtig;
stolz aufeinander – aber nicht überheblich.

Braut: Ich möchte, dass wir stets füreinander da sind, aber dabei nicht nur an uns denken und nicht gefesselt sind aneinander.

Bräutigam: Ich möchte, dass wir uns achten und einander vertrauen, dass wir treu sind und füreinander sorgen, uns vergeben und immer wieder zueinander finden.

Braut: Ich möchte, dass wir uns immer lieben und immer wieder neu.

Braut und Bräutigam gemeinsam: So soll es bleiben – solange wir leben. (Dazu helfe uns Gottes Segen.)

Für alle Zeiten

Ich schließe die Ehe mit dir für alle Zeiten! Mein Brautgeschenk für dich sind meine Hilfe und mein Schutz, meine Liebe, mein Erbarmen und meine unwandelbare Treue. *(Vgl. Hosea 2,21.22b, Gute Nachricht Bibel. Diese Zusage macht Gott dem Volk Israel. Gern kann der Text als Trauversprechen genutzt werden.)*

Du sollst mir einmalig bleiben

Bräutigam: Dass unsere Wege zusammenführten,
dass unsere Blicke sich trafen,
dass unsere Gedanken sich verbanden –
ich bin dankbar dafür.

Braut: Dass unsere Körper sich berührten,
dass unsere Sehnsucht sich erfüllte –
ich bin dankbar dafür.

Bräutigam: Ich will dich immer lieben, du sollst mir einmalig bleiben. Ich will dir nahe sein, dich umsorgen und dir vergeben. Mit dir will ich träumen und hoffen, für uns und diese Welt. So soll es bleiben, solange wir leben.

Braut: Ich will dich immer lieben, du sollst mir einmalig bleiben. Ich will dir nahe sein, dich umsorgen und dir vergeben. Mit dir will ich träumen und hoffen, für uns und diese Welt. So soll es bleiben, solange wir leben.

Pfarrer*in: Ihr habt euch nun eure Liebe bekundet und Treue gelobt. So frage ich jetzt im Angesicht Gottes und vor diesen Zeugen: Ist das euer aufrichtiges Versprechen; wollt ihr euch so lieben und treu sein, solange ihr lebt?

Braut und Bräutigam gemeinsam: Ja (mit Gottes Hilfe).

4.

Liebeserklärungen passend zu Lovesongs

I want to grow old with you

Das Brautpaar darf dem Jawort gern ein selbst formuliertes Gelöbnis in Form einer Liebeserklärung vorausschicken oder anfügen. Das gilt für die Trauung in der evangelischen sowie der katholischen Kirche wie auch im Standesamt und bei der freien Trauzeremonie.

Die Liebeserklärungen in diesem Kapitel sind inspiriert durch bekannte Lovesongs. Es sind keine Übersetzungen der Liedtexte. Sie lassen aber den Inhalt des jeweiligen Liedes erkennen und passen besonders, wenn das dazugehörige Lied im Rahmen der Trauzeremonie erklingt.

Die längeren Texte können so geteilt werden, dass beide Partner nacheinander einen Abschnitt lesen.

Always (Bon Jovi)

I will love you baby, always. Ich werde dich lieben – immer. Ich werde für dich da sein – ewig und länger. Ich werde dich begleiten – solange die Sterne leuchten, solange der Himmel steht. Solange Worte einen Sinn ergeben, möchte ich dir sagen: Ich liebe dich, für immer. Always!

Can't help falling in love with you (Elvis)

Ich kann nicht anders, als dich zu lieben. Es ist so vorherbestimmt, so sicher, so ewig, als wenn ein Fluss zum Meer fließt, so ist meine Liebe. Nimm meine Hand, nimm mein ganzes Leben. Ich kann nicht anders, als dich zu lieben. So soll es bleiben, ein Leben lang. Can't hepl falling in love with you!

Endless love (Diana Ross & Lionel Richie)

Er: Nur du machst mein Leben aus, du bist das Einzige, das für mich Sinn macht.

Sie: Du bist jeder Atemzug, den ich einsauge, du bist jeder Schritt, den ich gehe.

Er: Ich will mein Leben mit dir verbringen, mit niemand sonst. Du sollst immer meine Liebe sein. Endless love!

Sie: Und ich möchte all meine Liebe mit dir teilen, mit niemand sonst, ein Leben lang. Endless love!

Give my all of me – and you give me all of you (John Legend)

Ich gebe mich dir und du gibst dich mir. Ich möchte, dass es so bleibt. Alles an mir liebt alles an dir. Ich liebe das Vollkommene an dir wie auch deine Ecken und all deine perfekten Fehler. Du bist für mich Anfang und Ende. Ich gebe mich dir ganz und du gibst dich mir. So soll es bleiben ein Leben lang. Ich gebe mich dir und du gibst dich mir, ganz und gar. I give my all of me – and you give me all of you!

I want to grow old with you (Westlife / Adam Sandler)

Alles auf der Welt ändert sich; Dinge kommen und gehen. Das soll bleiben: Ich will mit dir alt werden. Ich will ein Leben lang in deine Augen schauen. Ich will für dich da sein, alles teilen, das du tust. Ich will mit dir alt werden. Ich möchte dich zum Lachen bringen, wenn immer du traurig bist, dich herumtragen, wenn Arthritis dich quält. Ich möchte mit dir alt werden. Ich hole dir die Medizin, wenn du Bauchschmerzen hast, zünde das Feuer an, wenn der Ofen nicht funktioniert. Es wäre so schön, mit dir alt zu werden. I want do grow old with you!

Just the way you are (Billy Joel)

Ich liebe dich, wie du bist, just the way you are. Du brauchst dich nicht zu verstellen, um mir zu gefallen; bleib, wie du bist. Gern nehme ich die guten Zeiten mit dir; doch ich werde auch in schlechten Zeiten mit dir sein. Ich liebe dich für immer; das verspreche ich von ganzem Herzen. Meine Liebe könnte nicht größer sein. Ich liebe dich, genau wie du bist; ich liebe dich. Just the way you are!

Love you till the end (The Pogues)

Ich will dich für immer lieben, love you till the end.
Ich will bei dir sein, wenn das Morgenlicht leuchtet.
Ich will bei dir sein, wenn die Dunkelheit uns bedeckt.
Ich will bei dir sein, wenn wir im Regen gefangen sind.
Ich will dich lachen sehen und auch mit dir weinen.
Ich will mit dir sprechen und mit dir sprachlos sein.
Das ist, was mich bewegt. Alles, was ich dir sagen will:
Ich liebe dich für immer. I love you till the end!

Marry me (Train)

Heirate mich, marry me. Sag ja, sag, dass du willst. Für immer ist mir nicht lang genug; es muss für die Ewigkeit sein. Ich sag: Ja, ich will! Heirate mich heute und immer wieder neu. Mit dir zusammen zu sein ist nicht nahe genug für mich, wir müssen eins sein. Ich liebe dich, heute und jeden Tag neu. Marry me!

Nothing's gonna change my love
(George Benson)

Du sollst jetzt wissen, wie sehr ich dich liebe. Wenn ich ohne deine Nähe mein Leben verbringen müsste, wären die Tage leer, die Nächte zu lang. Nichts wird meine Liebe zu dir ändern. Wenn der Weg vor uns mal nicht so einfach ist, wird unsere Liebe uns den Weg weisen; sie wird wie ein Stern am Himmel sein. Ich liebe dich so, wie du bist. Also komm mit mir auf den Weg in die Zukunft. Ich werde für dich da sein, wenn du mich brauchst. Ich will ohne dich nicht leben; immer sollst du wissen, wie sehr ich dich liebe. Ein ganzes Leben kann sich verändern; aber nichts wird meine Liebe ändern. Nothing's gonna change my love for you!

Stay with you
(John Legend)

Wir sind nun schon eine Weile zusammen. Es ist ein so gutes Gefühl und es gibt keinen Zweifel: Ich möchte an deiner Seite bleiben. Auf meine Liebe kannst du dich verlassen, so sicher, wie jeden Morgen die Sonne aufgeht und die Blumen blühen im Frühling. Durch Höhen und Tiefen will ich bei dir bleiben. Selbst wenn sonst niemand da ist und dunkle Wolken ankommen, werde ich an deiner Seite sein, stay with you. Freunde werden kommen und gehen, doch ich werde bleiben. Lass uns ein Leben lang Liebende bleiben, dann wird unsere Liebe ein Wunder sein, denn sie wird nicht altern. Ja, ich werde bei dir bleiben bis zum Ende aller Zeiten. I'll stay with you!

5.

Texte zum Ringwechsel

Das gegenseitige Anstecken der Ringe kann gern still geschehen oder zu den Worten:

Nimm diesen Ring als Zeichen meiner Liebe und Treue.

Doch auch andere Formulierungen sind möglich. Der Symbolcharakter der Ringe steht dann im Mittelpunkt. Die Worte zum Ringtausch sollten keine Wiederholung des Trauversprechens sein, das vorher schon gegeben wurde. Daher ist dieser Zuspruch kurz und umfasst üblicherweise nur einen Satz. Diese Worte können ans Trauversprechen bzw. an eine Liebeserklärung direkt angehängt werden.

Während das Trauversprechen aufgrund seiner Länge vom Blatt abgelesen wird, spricht man den Satz zum Ringwechsel frei und schaut sich dabei in die Augen, bevor man den Ring ansteckt.

- Ob ich nah bin oder fern, dieser Ring möge dich jederzeit daran erinnern, dass ich in Liebe und Treue bei dir bin.

- So rund, so heil, so endlos wie dieser Ring soll meine Liebe sein; dazu helfe uns Gott.

- Trage diesen Ring als Zeichen, dass meine Liebe zu dir heil und unzerbrechlich (und dass Gottes Liebe bei uns) ist.

- Die Liebe, die mich durchzieht, die Treue, die ich dir verspreche, seien immer durch diesen Ring sichtbar.

- Unsere Liebe sei ohne Ende wie dieser Ring. Sie sei auch so sichtbar, fassbar und kostbar wie dieser Ring. Trag ihn als Zeichen.

- Trag ihn auch als Zeichen dafür, dass Gott unseren Liebesbund stets begleitet.

- Unsere Liebe sei immer glänzend, heil und ohne Ende wie dieser Ring. Sie sei auch so sichtbar, fassbar und kostbar wie dieser Ring. Trag ihn als Zeichen meiner Liebe und Treue.

Eine alte Geschichte – nur eine Legende?

Vor langer Zeit war es in Griechenland, lange vor unserer Zeitrechnung. Ein junges Paar liebte sich über alles. Doch noch bevor sie ein Ehepaar wurden, ergab es sich, dass der junge Mann eine weite Reise über das Meer antreten musste. Solche Reisen dauerten lange und waren gefährlich. Also wollte die Frau ihrem Liebsten etwas mitgeben, das ihn an sie erinnerte. So zerbrach sie den Ring, den sie als Schmuck an einer Halskette trug. Eine Hälfte des Ringes behielt sie bei sich. Die andere nahm ihr Liebster mit auf die Reise.

Als er sein Ziel sicher erreicht hatte, sandte er diese Hälfte mit einem Kurier zurück. Seine Liebste war überaus glücklich, die Ringhälfte zu erhalten. Sie setzte den Ring nun wieder zusammen. Wann immer sie ihn betrachtete, wusste sie: Er ist in Gedanken bei mir und ich bin in Gedanken bei ihm. Alles ist gut! Unsere Liebe ist heil und unendlich wie dieser Ring.

Andere Verliebte folgten dem Beispiel des Paares. So wurde der Ring zum Zeichen für ungebrochene, unendliche Liebe.

6.

Kerzentexte

Die Brautkerze kann im Standesamt, in der Kirche, im Rahmen einer freien Trauzeremonie oder bei der Hochzeitsfeier überreicht werden. Es ist schön, wenn zum Entzünden der Hochzeitskerze ein Text gelesen wird, der ihre Bedeutung aufzeigt.

Wie das Licht der Kerze

Diese Kerze geben wir euch mit auf den gemeinsamen Weg. Es ist nicht einfach eine Kerze. Es ist ein Symbol, ein Zeichen für all unsere guten Wünsche.

Euer Leben miteinander sei wie das Licht dieser Kerze: besinnlich und dennoch bunt, lebendig flackernd, voll wohltuender Wärme, stets beweglich, voller Hoffnung und Fantasie.

Euer Leben sei wie das Licht dieser Kerze: fröhlich, feierlich, warm. So sei euer Leben ein Fest.

Seid füreinander da, einfach aus voller Liebe, ohne zu fragen, was es bringt, ohne eine Gegenleistung zu verlangen; einfach so, wie diese Kerze für euch leuchtet. Einfach so.

Zündet die Kerze manchmal an – erinnert euch an unsere Wünsche. Schaut, hört und liebt.

Was die Hochzeitskerze dem Brautpaar sagt

Wir geben euch diese Kerze mit auf den Weg, mit der Bitte, sie manchmal anzuzünden und gemeinsam anzusehen. Die Kerze flüstert euch dann still zu:

> „Seht mich an und erkennt an mir, wie Liebe wirklich ist: Ich leuchte einfach und frage nach keiner Gegenleistung. Ich schenke Licht und stelle dafür keine Bedingungen.

Ich bescheine sanft die Gegenstände im Raum und frage nicht, ob sie es verdient haben.

Ich strahle Wärme aus und gebe dabei viel von mir.

Ich bringe ein Leuchten in die Augen und Herzen.

Ich lasse mich immer wieder entzünden, bin nicht nachtragend.

Ich verschenke mich ohne Angst, mich zu verausgaben.

Mein Licht ist wie ein kleines Wunder, stark und doch empfindlich.

Meine Flamme macht mich aus. Ohne sie wäre ich nur ein Stück Wachs. Schaut mich also an und erkennt: Nichts geht über die Liebe – ohne Liebe wäre alles nichts."

Eure Hochzeitskerze – in Momenten des Glücks, aber auch in traurigen Stunden soll sie euch an den heutigen Tag erinnern – an diesen wunderbaren Augenblick, an dem ihr „Ja" sagt: „Ja, mit dir; nur mit dir für alle Zeit!"

Gute Wünsche im Licht der Hochzeitskerze

Diese Kerze ist Zeichen der Liebe. Mit guten Wünschen geben wir sie euch mit auf den Weg.

Wir wünschen, dass das Licht der Kerze immer wieder eure Herzen erwärmt, immer wieder das Vertrauen entfacht, den Mut zur Offenheit stärkt, eure Fantasie anregt, damit die Liebe spannend und prickelnd bleibt.

Wir wünschen, dass das Licht dieser Kerze Zeichen für eure Liebe bleibt. In diesem Licht soll immer wieder der Moment lebendig werden, in dem ihr „Ja" zueinander sagtet: „Ja, ein Leben lang mit dir!"

Wir wünschen, dass das Licht dieser Kerze alles verbrennt, was die Liebe gefährden könnte. Sie verbrenne Argwohn, Eifersucht, das Nachtragen und die Langeweile. Sie verbrenne Angst, Groll, Enttäuschung, Hoffnungslosigkeit. Sie verbrenne bedrückende Gedanken und Sorgen über die Zukunft.

Zündet die Kerze immer wieder mal an – in Zeiten des Glücks, aber auch in Tagen der Traurigkeit.

Sie gebe euch Wärme, in der ihr eure Liebe genießen könnt. Und erinnere euch: Wir sind mit guten Wünschen bei euch.

Erinnerung im Licht der Brautkerze

Zwei Personen treten vor das Brautpaar, eine liest:

Seit ewigen Zeiten sind Kerzen Symbole der Liebe. Darum zünden wir nun eure Hochzeitskerze an. Sie ist Zeichen und Siegel eurer Liebe zueinander.

Die zweite Person entzündet die Kerze. Falls diese schon angezündet auf dem Altar oder dem Trautisch steht, so wird sie nun genommen und dem Paar gezeigt.

Wir geben euch dieses Licht mit auf euren gemeinsamen Weg. Es soll euch begleiten. Zündet die Kerze manchmal an. Auch nach Jahren noch lässt ihr Licht den Augenblick lebendig werden, an dem ihr hier „Ja" zueinander sagtet.

Im Licht der Kerze sagt euch dann gegenseitig immer wieder mal ein „Ja": „Ja, wir gehören zusammen!" Tut das an Tagen der Freude und des Glücks, aber auch in Momenten der Traurigkeit und des Zweifels.

Immer, wenn ihr dieses Licht entzündet, sollt ihr auch daran denken, dass wir, die wir uns heute an eurem Jawort erfreuen, euren Weg weiterhin begleiten. Wir sind bei euch mit lieben Wünschen, mit guten Gedanken, mit Gebeten und Taten, wenn ihr uns braucht.

Die Kerze möge die schönsten Momente eures Lebens immer wieder wachrufen. Lasst sie euer Begleiter sein.

Die folgenden Kerzentexte sind sehr lang. Wenn das Entzünden der Kerze ein Schwerpunkt der Zeremonie ist, ein Programmpunkt bei der Hochzeitsfeier bzw. eine Rede ersetzt, so kann ein solcher Text vollständig gelesen werden. Ansonsten sollte man ihn so kürzen, dass er sich dem Rahmen der Zeremonie anpasst.

Die Lebensweisheiten des Traulichtes

Wir zünden eure Hochzeitskerze an und nehmen uns einen Augenblick Zeit, sie zu betrachten. Indem wir die Kerze heute hier entzünden, wird sie zum Symbol, zu einem Zeichen mit einer Botschaft für euch. Wann immer ihr sie anzündet, sagt sie euch etwas über euer Zusammenleben und euren gemeinsamen Weg.

Die Kerze wird jetzt entzündet.

Seht! Still, lautlos brennt die Flamme. Sie flüstert euch zu: „Das Wichtige im Leben geschieht oft in der Stille. Zieht euch manchmal zurück aus dem Trubel der Welt. Seid euch nah, schweigt miteinander, schaut euch an. Nutzt die Stille, um das Leuchten in euren Augen zu sehen und die Sehnsucht in euren Herzen zu spüren!"

Seht! Das Licht der Kerze ist nicht starr und unbeweglich; beachtet die wechselnden Formen. Sie sagt euch auf diese Weise: „Bleibt in Bewegung. Lasst eure Liebe nicht eintönig und fantasielos werden. Wagt immer wieder Neues miteinander. Geht mutig neue Wege!"

Seht! Manchmal flackert die Flamme übermütig, lebendig hin und her. Sie sagt euch damit: „Liebt das Leben; genießt es in überschäumender Lebensfreude. Lacht, singt, tanzt. Gebt der Langweile keine Chance!"

Seht! Das Licht strebt immer nach oben. Es drückt damit aus: „Setzt euch Ziele und verfolgt sie miteinander. Und wenn euer Lebensweg mal an Grenzen kommt –

Grenzen der Liebe, Grenzen der Freude, der Hoffnung, der Finanzen – so wisst, dass es immer einen Weg gibt, der weiter führt. Lasst euch nicht hängen. Strebt ans Licht!"

Seht! Wie feierlich der Schein der Kerze ist. Für euch bedeutet das: „Lasst euer Leben ein Fest sein. Eure Liebe ist etwas Besonderes. Jeder Tag sei ein Feiertag im Miteinander!"

Seht! Wenn man der Flamme nahe kommt, spürt man ihre Wärme. So sagt sie euch: „Achtet darauf, dass eure Gefühle füreinander nicht erkalten. Schenkt euch immer wieder Wärme und Geborgenheit. Besonders nach Streit und Unstimmigkeiten kommt euch schnell wieder nahe, jedenfalls bevor der Tag vergeht!"

Seht! Wie sich die Flamme von der Dunkelheit abhebt. So drückt sie aus: „Es ist immer besser, ein Licht anzuzünden, als über die Dunkelheit zu klagen. Achtet darauf, euer Leben gegenseitig immer wieder zu erhellen. Sucht und genießt miteinander die schönen Momente der Liebe!"

Seht! So klein ist die Flamme und dennoch ein bedeutender Punkt im großen Raum. Diese Kerze spricht: „Wartet nicht auf die großen Sensationen im Zusammenleben. Nutzt die kleinen Gelegenheiten, die den Alltag miteinander lebenswert machen. Sie ereignen sich jeden Tag; überseht sie nicht!"

Und schließlich überseht das nicht:

Man könnte die Kerze gut verpacken, in den Schrank legen und nie entzünden. Dann bliebe sie immer so schön, wie sie ist – aber einsam und ohne Flamme, ohne die Flamme, die eine Kerze ausmacht. Wenn ihr sie aber anzündet, so wird sie mit der Zeit kleiner; sie verzehrt sich, opfert sich für euch. Sie ruft euch damit zu: „Lasst eure Liebe nicht verkümmern wie abgelegt in eine Schublade. Seid aufmerksam und aktiv füreinander da. Bringt Opfer füreinander. Dazu ist euer gemeinsames Leben geschaffen. Es macht eure Liebe aus. Ihr werdet so gemeinsam älter, aber findet auf diese Weise Erfüllung!"

Die Hochzeitskerze spricht

Eine Person sagt: Zünden wir die Hochzeitskerze an *(wird angezündet)*. Hören wir, was die Kerze ausdrückt.

Eine zweite Person liest folgenden Text: Ich leuchte vor Freude über eure Liebe. Ich möchte bei euch bleiben und Zeichen dieser Liebe sein. Ich möchte helfen, dass diese Liebe so wunderbar und lebendig bleibt.

Wann immer ihr mich anzündet und gemeinsam in meine Flamme schaut, seht, was ich euch sagen möchte:

Ich brauche Luft, um meine Flamme zu entfalten. Gebt euch gegenseitig Freiräume, engt euch nicht ein!

Wenn man mir etwas überstülpt, erlösche ich. Versucht nicht, den anderen zu ändern. Liebt euch weiterhin, wie ihr seid!

Ich flackere nie gleich, meine Flamme ist in Bewegung, ändert sich. Gestaltet eure Liebe und euren Weg fantasievoll, damit das Leben nicht langweilig wird und die Liebe nicht leidet!

Ich darf nie allein gelassen werden. Vernachlässigt euch nicht. Seid immer mit lieben Gedanken beim anderen!

Ich gebe Wärme bedingungslos, ohne Gegenleistung. Gebt euch jeden Tag mindestens ein Zeichen der Liebe, ohne Grund und ohne zu fragen, was dafür zurückkommt!

Meine Nahrung ist das Wachs, es gibt mir Kraft. Gebt euer Liebe stets Nahrung. Das kann eine zärtliche Berührung sein, eine Anerkennung, ein kleines Geschenk!

Ich bin kein großer Scheinwerfer, aber ein lebendiges Licht in der Dunkelheit. Es sind die kleinen Dinge, die wichtig sind: das liebe Wort, der ermunternde Blick, Verständnis und Mitgefühl!

Immer wenn ihr mich anzündet, schenke ich etwas von mir. Ich verschenke mich. Beschenkt euch mit heller Freude, leuchtendem Glück, warmen Gefühlen, nur aus Liebe!

Festlich brenne ich hier und heute, weil ihr euch ewige Liebe versprecht. Erinnert euch an dieses Fest – lasst euer Leben ein Fest der Liebe sein!

Ich möchte euch begleiten und euch immer wieder mal etwas zuflüstern, ich, euer Liebeslicht.

Das Licht der Kerze

Wir schenken (überreichen) euch diese Kerze. Sie wird euch auf eurem gemeinsamen Weg begleiten. Haltet immer wieder mal inne, betrachtet sie und hört, was sie euch zu sagen hat.

Jetzt wird die Kerze angezündet.

Sie strahlt Wärme aus. Auf diese Weise ruft sie euch zu: „Achtet darauf, dass eure Gefühle nicht abkühlen. Gebt einander stets genug Wärme und Geborgenheit!“

Man spürt ihre Nähe, selbst wenn man die Augen schließt. Und so ruft sie euch zu: „Genießt es, einander nah zu sein. Auch wenn ihr an verschiedenen Orten seid, wenn ihr euch nicht seht, so spürt, dass der andere mit Gedanken, mit Gefühlen, mit seiner Liebe ganz nah ist!“

Schaut in die Flamme, seht das frohe Leuchten. Es ruft euch zu: „Vergesst nicht, euch jeden Tag mindestens einmal einen Grund zur Freude zu geben, zur Freude, die eure Augen zum Leuchten bringt!“

Still, lautlos brennt die Kerze. Sie ruft euch auf diese Weise zu: „Mitten in aller Hektik, die ein gemeinsames Leben auch mit sich bringt, achtet darauf, immer wieder innezuhalten, um stille Stunden miteinander zu erleben, in denen ihr die Liebe genießt!“

Nach oben strebt das Licht der Kerze und sagt euch damit: „Bleibt aufrecht. Selbst wenn ihr mal in Bedrängnis geratet, lasst euch nicht unterkriegen, haltet zusammen, bleibt gemeinsam stark!“

Feierlich ist das Licht der Kerze. Damit sagt sie euch: „Euer Leben sei ein Fest. Genießt es miteinander, singt miteinander, lacht miteinander, freut euch des Lebens miteinander!“

Das Licht dieser Kerze ist nicht grell; und es bringt doch einen hellen Schein in die Dunkelheit. Damit ruft euch die Kerze zu: „Wenn auch mal dunkle Stunden kommen, achtet darauf, euch immer wieder gegenseitig Mut und Kraft zu geben. Dann werden eure Herzen in jeder Situation hoffnungsvoll leuchten!“

Ihr werdet diese Kerze nicht brauchen, um Licht zu machen – höchstens, wenn der Strom ausfällt. Und doch möchte sie euch stets gute Dienste leisten. Entzündet sie immer wieder mal.

Schaut sie an und seht jedes Mal auch: Wärme, Freude, Licht gibt sie, ohne nach einer Gegenleistung zu fragen.

Diese Kerze verschenkt sich bedingungslos an euch, wird dabei kleiner, opfert sich also auf für euch. Damit sagt sie euch: „So sei eure Liebe. Seid füreinander da, freut euch aneinander, bringt auch Opfer füreinander, fragt nicht nach Gegenleistung. Liebt einfach!“

7.

Fürbitten

Bittet man im Gebet für andere Menschen, so nennt man diese Bitten „Fürbitten". Hochzeitsfürbitten bestehen selbstverständlich in erster Linie aus Bitten für das Brautpaar. Doch sollte man nicht vergessen, auch für die Familien, für den Freundeskreis, für alle Liebenden, die Verstorbenen und ggf. für Opfer aktueller Katastrophen und Kriege zu beten.

Wie jedes Gebet beginnt auch das Fürbittengebet mit einer Anrede an Gott wie: Allmächtiger Gott, Großer Gott, Gütiger Gott.

Die folgenden Zusammenstellungen von Bitten sind nur Beispiele; die einzelnen Bitten sind Textbausteine, die man austauschen kann.

Die Namen unseres Beispielpaares sind natürlich durch die Namen des aktuellen Paares zu ersetzen.

Fürbitten – Vorlage 1

Allmächtiger Gott, wir bitten dich für Inga und Sven: Begleite sie auf ihrem gemeinsamen Weg.

Ihre Hoffnungen und Wünsche legen wir in deine Hand. Lass sie in rechter Weise in Erfüllung gehen.

Lass die beiden immer wissen, dass sie einander geschenkt sind, und lass sie stets dankbar für dieses Geschenk sein.

Gib, dass sie sich noch eine unendlich lange Zeit mit Freude an den heutigen Tag und ihr Jawort erinnern.

Mögen sie die Kraft haben, dass sie alle Versprechen, die sie sich heute gaben, immer wieder neu einlösen.

Gib, dass ihre Ehe stets ein Ort der Ehrlichkeit, der Offenheit, der Geduld und des Vertrauens ist.

Lehre sie zu vergeben, wenn es heilsam ist, und zu fordern, wenn es nötig ist.

Erhalte ihnen, dass sie aufeinander süchtig sind, ohne dass Eifersucht sie erdrückt.

Großer Gott, wir bitten für die Familien, in denen sie aufwuchsen: Gib den Eltern offene und freie Herzen, die sich jederzeit mit Inga und Sven freuen können.

Lass sie noch lange die Kraft haben, mit Tat und guten Gedanken bei Inga und Sven zu sein.

Gütiger Gott, manche Menschen tun sich schwer miteinander in ihrer Partnerschaft: Hilf ihnen, dass sie Klarheit in ihre Beziehung bringen können, und wenn möglich, lass ihre Liebe neu aufblühen. Schenke denen, deren Liebe abgekühlt ist, Mut, Kraft und Fantasie, neue Wege zu finden.

Barmherziger Gott, wir beten für unsere verstorbenen Angehörigen: Wir wissen, dass sie bei dir eine neue Heimat gefunden haben.

Mitfühlender Gott, wir denken in besonderer Weise an die kranken und alten Menschen: Erinnere uns stets, dass wir Verantwortung für sie haben.

Für alle Notleidenden dieser Welt beten wir: für die Flüchtenden und Hungernden, für die Trauernden und Traurigen.

Fürbitten – Vorlage 2

Großer Gott, danke, dass du Inga und Sven zusammengeführt hast und wir ihr Jawort hören durften.

Wir bitten:

Lass sie stets spüren, dass du mit deiner Liebe und Treue bei ihnen bist.

Führe sie weiterhin, begleite und trage sie, schütze ihre Liebe.

Hilf Ihnen, in Frieden und Liebe, in gegenseitiger Treue, Gemeinschaft und Achtung füreinander zu leben.

Lass ihr Zusammenleben eine Heimat sein, in der Geborgenheit, Vertrauen und Hoffnung zu Hause sind.

Schenke ihnen Kraft, Mut und Weisheit, alles Gute, das aus der Liebe kommt, auszustrahlen und weiterzugeben.

Wenn sie auf ihrem gemeinsamen Weg auf Widerstände treffen, lass sie zusammenhalten und doppelt stark sein.

Gib die Gnade, dass sie noch in vielen Jahren gern zueinander sagen: „Ich liebe dich!"

Gib ihnen die Kraft, immer wieder zueinander zu finden, falls sie sich einmal voneinander entfernen sollten.

Lass stets Freunde in ihrer Nähe sein, auf die sie sich verlassen können.

Wir bitten für die Familien von Inga und Sven: Segne auch ihre Eltern, Großeltern und Geschwister.

Wir beten für alle, die ihnen in Freundschaft verbunden sind: Schenke auch ihnen in aller Hektik und Unruhe der Zeit deinen heilsamen Frieden.

Wenn Inga und Sven Hilfe benötigen, lass gute Freunde da sein mit helfenden Händen und tröstenden Worten.

Großer Gott, sei du bei allen, die in einer Partnerschaft zusammenleben.

Schenke allen Menschen, die gemeinsame Wege suchen, Geduld statt Drängen, Mut statt Flucht, Hoffnung statt Resignation. Decke sanft zu, was wund ist und Zeit zum Heilen braucht.

Wir sind mit guten Gedanken bei den Verstorbenen und Trauernden.

Lass unsere Liebe eine Brücke zu denen sein, die nicht mehr bei uns sein können. Tröste die Traurigen, die Trauernden und Einsamen.

Fürbitten – Vorlage 3

Allmächtiger Gott, wir bitten für Inga und Sven:

Halte deine segnenden Hände über sie, dass ihr Zusammenleben glücklich und erfüllend bleibt.

Begleite sie auf ihrem gemeinsamen Weg und schaue gütig auf ihre Hoffnungen und Sorgen.

Mögen sie immer erfüllt sein von Kraft und Fantasie, um ihre Träume, Wünsche und Sehnsüchte zu verwirklichen.

Schenke ihnen immer wieder Ideen, die ihre Liebe spannend und erfüllend halten.

Möge ihnen die Hoffnung nie ausgehen, dass sie in jeder Lebenssituation gute Einfälle haben, die weiterhelfen.

Hilf, dass sie so bescheiden und natürlich bleiben, wie wir sie lieben.

An freudigen sowie an traurigen Tagen sei an ihrer Seite, leite und beschütze sie.

Schenke ihnen, dass sie nicht nur heute, sondern immer wieder neu sagen: „Ja, mit dir will ich das Leben teilen!"

Wir beten auch für die Familien, in denen sie aufwuchsen:

Großer Gott, in aller Hektik, Unruhe und auch Unsicherheit dieser Zeit schenke den Eltern, Geschwistern, Großeltern *(Familienmitglieder ergänzen oder streichen)* von Inga und Sven deinen Schutz, heilsamen Frieden sowie eine gesegnete Zukunft.

Wir bitten, dass das Leben der Eltern von Inga und Sven nicht einsam wird und sie sich noch lange am Glück ihrer Kinder freuen dürfen.

Großer Gott,

sei mit deinem Segen bei allen, die in einer Partnerschaft zusammenleben. Schenke auch ihnen Kraft und Fantasie, die Liebe erfüllend miteinander zu gestalten.

Sei du auch an der Seite derer, die leiden, krank sind oder Opfer von Gewalt und Katastrophen.

Schenke Trost, Kraft und Hoffnung allen Menschen, die dies dringend brauchen.

Allmächtiger Gott,

Glück und Freude auf der einen sowie Trauer und Abschiednehmen auf der anderen Seite liegen oft nah zusammen. So denken wir heute, mitten im Glück, auch an die Menschen, die nicht mehr bei uns sind. Danke, dass sie bei dir eine ewige Heimat haben.

Fürbittengebet – Vorlage 4

Wir bitten für Inga und Sven:

Wo immer ihre gemeinsamer Weg hinführt, möge die Liebe immer der Weg sein, den sie gehen.

Ihr Zusammenleben soll eine Insel der Liebe bleiben – mitten in einer Welt der Veränderungen und Unsicherheit.

Möge ihre Sehnsucht zueinander stark bleiben und sie dennoch Kraft haben, sich gegenseitig eigene Wege zuzugestehen.

Sie sollen immer genug Fantasie haben, mit der sie ihre Liebe lebendig halten.

Möge Liebe und Zärtlichkeit jeden Tag in ein Fest verwandeln.

Mögen sie immer genug Kraft haben, sich nach jedem Streit wieder zu versöhnen.

Lass ihre Liebe nie müde werden und schenke ihnen immer wieder Fantasie, ihre Sehnsucht lebendig zu halten.

Was die Zukunft auch bringt, großer Gott, lass die Liebe immer im Mittelpunkt ihres Lebens stehen.

Wir bitten für die Eltern von Inga und Sven:

Mögen sie gesund bleiben und Gottes reichen Segen noch lange spüren.

Möge ihr Leben nicht einsam werden und sie sich noch lange am Glück ihrer Kinder erfreuen.

Für alle Menschen bitten wir, die miteinander ihren Lebensweg gehen:

Gottes Segen begleite auch sie.

Mögen Paare, deren Liebe abgekühlt ist, Mut, Kraft und Fantasie haben, neue Wege zu finden.

Für die Menschen beten wir, die nicht mehr bei uns sind:

Unsere Liebe sei eine Brücke zu ihnen. Mögen sie Frieden und Geborgenheit in der ewigen Heimat finden.

Wenn das Brautpaar sich Kinder wünscht

Gib, dass auch die Kinder, die sie sich wünschen, die Liebe und Geborgenheit spüren, die wir heute erleben dürfen.

Lass sie gemeinsam mit den Kindern, die sie sich wünschen, eine glückliche Familie werden, in der sich alle gleichermaßen wohlfühlen.

Großer Gott, gib deinen Segen, dass sie als Eltern der schwierigen Aufgabe der Erziehung gerecht werden.

Wenn Braut schwanger ist

Lass das Kind, das sie erwarten, gesund zur Welt kommen.

Lass sie mit dem Kind eine glückliche Familie werden.

Halte deine schützende, segnende Hand über ihr Kind.

Wenn das Paar Kinder hat oder ein Partner ein Kind mit in die Ehe bringt

Gütiger Gott, halte deine Hand über Inga, Sven und *(Name des Kindes)*. Schütze und segne sie als Familie.

Schenke Mut, Kraft und Fantasie für ihren Weg als Familie.

Schicke all deine Engel, dass sie ihren Weg als Familie in Schutz und Geborgenheit gehen.

8.

Liebe Wünsche

Diese Texte können gelesen werden, wie sie hier stehen. Textabschnitte können aber auch neu zusammengestellt, ergänzt oder gekürzt werden. Schön ist, wenn liebe Wünsche abwechselnd von zwei oder drei Personen gelesen werden.

Im Rahmen der Trauzeremonie werden diese lieben Wünsche dem Brautpaar direkt im Anschluss an die Eheschließung zugesprochen. Bei der freien Trauung können sie die Fürbitten ersetzen. Das Vortragen lieber Wünsche kann aber auch ein Programmpunkt der Hochzeitsfeier sein.

Geimpft mit Liebe

Ihr seid geimpft mit dem Impfstoff Liebe,
das macht euer Zusammenleben immun
gegen Fantasielosigkeit und Alltäglichkeit,
gegen Traurigkeit und Gleichgültigkeit,
gegen Misstrauen und Eifersucht,
gegen Angst und Einsamkeit.

Ihr seid geimpft mit dem Impfstoff Liebe,
das macht euer Zusammenleben stark
für den gemeinsamen Weg,
für Vertrauen und Zärtlichkeit,
für Geduld und Treue,
für Offenheit und Nähe.

Ihr seid geimpft mit dem Impfstoff Liebe,
also dürft ihr sooft wie möglich
euch nah sein ohne Abstand,
euch ohne Masken zeigen,
euch umarmen und drücken,
euch liekosen und küssen
und gern Körperflüssigkeiten austauschen.

Ihr seid geimpft mit dem Impfstoff Liebe,
frischt dieses Vaccine immer wieder auf.

Bei unerwünschten Nebenwirkungen fragt uns,
wir stehen euch gern helfend zur Seite.

Wir wünschen

Wir wünschen,

dass Neugier, Abenteuerlust, Mut und Experimentierfreude in euch bleiben, sodass ihr weiterhin ein spannendes Leben miteinander führt,

dass ihr Kraft und Fantasie behaltet, viele eurer Träume, Ideen und Hoffnungen zu verwirklichen,

dass ihr immer wieder Zeit und Ruhe füreinander findet, auch wenn mal Hektik, Stress und Aufregung in euer Leben treten,

dass auch, wenn Krankheit und traurige Stunden in euer Leben treten, ihr euch gegenseitig stützt, unterstützt und wieder miteinander aufblüht,

dass durch eure Freundschaft, Liebe und Zärtlichkeit jeder Tag zu einem Festtag wird,

dass euer Zuhause für euch ein Ort der Liebe, Geborgenheit und Heimat bleibt,

dass ihr weiterhin mit der Liebe, die ihr heute ausstrahlt, Menschen berührt und erfreut,

dass ihr füreinander Geduld habt, Nachsicht, ein offenes Wort und, wenn nötig, die Kraft zur Vergebung, dass euer Daheim ein Ort ist, in dem starke Liebe ihren ersten Wohnsitz hat – und sie nicht nur manchmal zu Besuch erscheint,

dass ihr nach jeder Krise, die euren Lebensweg quert, einen guten Weg findet, der glücklich weiterführt,

dass eure Liebe immer tiefer wird und ihr in 25 und gar 50 Jahren noch zueinander sagt: „Ja, nur mit dir!"

Und doch

Wir wünschen,

dass eure Herzen immer füreinander und miteinander schlagen – und doch jedes Herz seinen eigenen Rhythmus behält,

dass ihr ein Leben lang aneinander festhaltet – und doch jeder für sich ein selbstständiger Mensch bleibt,

dass euer Lebensweg eine gemeinsame Straße bleibt – und doch jeder eigene Pfade findet,

dass ihr zumeist eines Sinnes seid – und doch jeder seine eigenen Gedanken hat,

dass ihr gemeinsam Entscheidungen sucht – und doch jeder seinen eigenen Kopf behält, dass ihr das meiste gemeinsam macht – und doch jeder die Freiheit hat, sein Hobby zu pflegen,

dass ihr viel Zeit für lockere Freude und Spaß findet – und genauso Besinnlichkeit, die euch hilft, auch Schmerz und Leid miteinander zu bestehen,

dass der Blick zurück bleibt, zu den Menschen, die euch bisher begleiteten – und ihr doch immer einen festen Blick nach vorn habt,

dass ihr stets eine wohltuende Nähe zueinander spürt – und doch auch nötigen Abstand voneinander habt,

dass ihr miteinander fest verbunden seid – und doch jeder frei bleibt,

dass eure Liebe euch beflügelt – und sie euch gleichzeitig feste Wurzeln schenkt,

dass ihr viele Stunden für gemeinsames Gespräch findet – und doch auch das miteinander Schweigen liebt,

dass ihr auch miteinander streitet – und doch immer den Weg der Versöhnung einschlagt, bevor der Tag sich neigt,

dass viel Spannung euer Leben beweglich hält – und euch gemeinsame Entspannung stets neue Kraft gibt.

Liebe Hochzeiter

Wir wünschen euch viel Glück auf all euren Wegen!

Gesundheit wünschen wir euch und die Kraft, auch Schweres zu ertragen.

Wir wünschen, dass euch die Hoffnung nie ausgeht und ihr immer Freunde habt, die euch helfen.

Wir wünschen, dass ihr in Frieden leben dürft, dass eure Liebe stark bleibt, dass euer Zusammenleben nicht langweilig wird und ihr nicht vergesst, dass wir immer für euch da sind, wenn ihr uns braucht.

Was Kinder wünschen

Wir wünschen euch viel Glück auf all euren Wegen!

Gesundheit wünschen wir euch
und Kraft, auch Schweres zu ertragen.

Dass ihr immer Arbeit habt, wünschen wir,
und dass euch die Hoffnung nie ausgeht.

Dass ihr immer Freunde habt
und dass ihr in Frieden leben könnt, wünschen wir.

Wir wünschen, dass eure Liebe groß bleibt
und dass es euch nicht langweilig wird.

Mögen euch Flügel wachsen

Mögen euch die Worte nie versagen,
wenn ihr euch etwas Liebes sagen wollt.

Mögen eure Arme nicht erlahmen,
wenn ihr die Hand zur Versöhnung ausstreckt.

Mögen eure Füße nie müde werden,
wenn ihr eure Ziele anstrebt.

Mögen euch Flügel eines Engels wachsen,
wenn ihr eure Träume verwirklichen wollt.

9.

Segenswünsche

Im Unterschied zu den „lieben Wünschen" des vorherigen Kapitels sind die Segenswünsche religiöser Natur. Diese Texte sprechen dem Brautpaar Gottes Begleitung, Unterstützung und Schutz zu.

Es müssen nicht Geistliche sein, die dem Paar mit solchen Formulierungen Segen wünschen und es auch segnen. Auch müssen Segenswünsche nicht nur in der Kirche gesprochen werden; sie passen ebenso zur standesamtlichen wie zur freien Trauzeremonie.

Alles erdenklich Gute

Segen, das ist alles erdenklich Gute.
Gott schenke euch seinen Segen.

Er breite seine Flügel über euch aus wie ein Vogel,
der die Küken schützt.

Er falle auf euch wie Regen in der Trockenheit,
der das dürre Land aufatmen lässt.

Er behüte euch wie ein Hirte,
bei dem kein Schaf verloren geht.

Er trage euch wie ein sicheres Schiff,
das den stärksten Wellen trotzt.

Er schütze euch wie ein Fels,
der der Brandung trotzt.

Er berühre euch wie ein Sonnenstrahl,
der das Eis tauen lässt.

Er bedecke euch wie Schatten in der Hitze,
in dem ihr Kraft schöpfen könnt.

Er sei ein Weg in der Wüste,
auf dem ihr euer Ziel erreicht.

Alles erdenklich Gute sei der allmächtige Gott für euch.
Er sei die Mitte eures Lebens.

Glaube, Hoffnung, Liebe

Gott segne euch mit Glaube, Hoffnung, Liebe!

Glaube erleuchtet, lässt vieles in neuem Licht sehen. Er zeigt euch den Schein, der trügt, aber auch den Glanz im Unscheinbaren, die Schwäche der Starken und die Stärke der Schwachen. Gott schenke Glaube, der euch erleuchtet.

Hoffnung beflügelt, lässt weiter schauen. Hoffnung öffnet euren Blick über das Selbstverständliche hinaus, über Grenzen hinweg, durch Dunkel hindurch, bringt euch zu neuen Ufern. Gott schenke Hoffnung, die euch beflügelt.

Liebe beseelt, lässt mit dem Herzen sehen. Liebe zeigt euch, was das Auge nicht sieht, das Ohr nicht hört, das Denken nicht erkennt, der Verstand nie begreift.

Gott schenke Liebe, die euch beseelt!

Gott segne euch mit Glaube, Hoffnung, Liebe!

Geschenkter Segen

Gott schenke euch seinen Segen!

Er schenke euch Lebensfreude, damit ihr immer wieder singt, lacht, tanzt und das Jawort miteinander feiert.

Er schenke euch Ruhe, wenn ihr erschöpft ins Bett fallt, um Kraft für den neuen Tag zu sammeln.

Er schenke euch Stärke, wenn der Alltag euch ruft und Aufgaben euch fordern.

Er sei mit Liebe bei euch, wenn ihr euren Weg in die Zukunft geht; und er trage euch durch euer Leben.

Er schenke euch Mut und Fantasie, damit eure Liebe lebendig bleibt.

Gott schenke euch seinen Segen – täglich neu!

Gottes Begleitung

Gott begleite euch mit seinem Segen!

Damit euch die Worte nie versagen,
wenn ihr euch etwas Liebes sagt.

Damit eure Arme nicht erlahmen,
wenn ihr die Hand zur Versöhnung ausstreckt.

Damit eure Füße nicht ermüden,
wenn ihr eure Ziele anstrebt.

Damit euch Engelsflügel wachsen,
wenn ihr eure Träume verwirklichen wollt.

Segen und Liebe

Gottes Segen begleite euch und erhalte eure Liebe!

Liebe gegen allen Hass in der Welt.

Liebe gegen alle Angst und gegen Einsamkeit.

Liebe gegen alle Traurigkeit und gegen Eifersucht.

Liebe gegen alles Misstrauen und gegen Gleichgültigkeit.

Liebe gegen alle Fantasielosigkeit und gegen Alltäglichkeit.

Gottes Segen begleite euch und erhalte eure Liebe –
alle Tage neu!

Ein Engel halte die Hand

Wir wissen nicht, was die Zukunft euch bringt;
doch Gottes Segen begleite euch, das wünschen wir.

Er schicke euch Sonnenstrahlen am frühen Morgen
und leuchtende Sterne in tiefer Nacht.

Er zeige euch Berge, sie zu erklimmen,
und den Engel, der euch bewacht.

Er öffne euren Blick übers weite Meer;
sein warmer Regen tue euch gut.

Er sende auch Sturm und tosende Wogen,
doch der Engel mache euch Mut.

Er schenke euch das Leuchten des Regenbogens
und glückliches Wandern übers weite Land.

Er begleite euch stets zu neuen Ufern,
und der Engel halte euch dabei die Hand.

Wir wissen nicht, was die Zukunft euch bringt;
doch Gottes Segen begleite euch, das wünschen wir.

So sollt ihr euch lieben

Wie Gott euch liebt,
so sollt ihr euch lieben.

Wie er für euch für euch sorgt,
so sollt ihr füreinander da sein.

Wie er euch schützt,
so sollt ihr füreinander Schutzengel sein.

Wie er euch vertraut,
so sollt ihr einander trauen.

Wie er vergibt,
so sollt ihr stets die Kraft finden zu vergeben.

Wie er sich für die Menschen opfert,
so sollt ihr bedingungslos füreinander einstehen.

Einer ist stets da

Wohin euer Lebensweg euch auch führen wird,
einer ist stets da.

Er ist diesseits und jenseits aller Mauern und aller Grenzen, aller Längen- und Breitengrade.

Er ist im Norden und Süden, im Osten und Westen;
er ist im hellen Sonnenschein
und in der tiefsten Nacht.

Er ist mit euch im hohen Schnee,
im stärksten Regen, auf den Weiten des Meeres,
auf dem höchsten Berg; überall ist er mit euch.

Er selbst ist der Tag, er ist die Nacht,
kein Datum hält ihn auf.

Mit ihm springt ihr über alle Grenzen,
durchschreitet alle Täler, übersteigt alle Höhen.

Er hält sein Versprechen, er, euer Gott.

Er sei bei euch bis ans Ende aller Zeiten.

10.

Lesungen aus der Bibel

Die biblischen Texte stehen hier meist in der Übersetzung der „Gute Nachricht Bibel". Im Internet, auf der Seite bibleserver.com, findet man diese Texte schnell in weiteren anerkannten Übersetzungen wie der Luther- und der Einheitsübersetzung.

Aber die Liebe ist das Größte

Der folgende Text ist bekannt als „Hohelied der Liebe". Das „Hohelied der Liebe" aus dem Neuen Testament ist nicht zu verwechseln mit dem „Hohelied Salomos" aus dem Alten Testament. Die Mutter eines Bräutigams leitete die Lesung des Textes so ein:

„In einem Brief schrieb der Apostel Paulus vor fast 2000 Jahren, welche Ansprüche er an die Liebe stellt. Erschreckt nicht vor diesen hohen Ansprüchen. Natürlich kann eure Liebe nicht so fehlerlos sein. Menschliche Liebe hat immer auch Schwächen. Aber als Richtschnur können die Sätze helfen, in der alltäglichen Bedrohung die Liebe immer neu zu finden. Vor 30 Jahren wurde der Text zu meiner Trauung gelesen. Heute möchte ich ihn an euch weitergeben."

Wenn einer alle Sprachen der Menschen und sogar der Engel spricht, aber keine Liebe hat, ist er doch nur ein dröhnender Gong oder eine lärmende Pauke.
Wenn einer göttliche Eingebungen hat und alle Geheimnisse Gottes kennt,
wenn er den Glauben hat, der Berge versetzt, aber ohne Liebe ist, hat das alles keinen Wert.
Wenn einer seinen ganzen Besitz verteilt und bereit ist, als Märtyrer zu sterben, aber die Liebe nicht hat, ist alles umsonst.
Wer liebt, hat Geduld. Er ist gütig und ereifert sich nicht; er prahlt nicht und spielt sich nicht auf.
Wer liebt, ist nicht taktlos, selbstsüchtig und reizbar. Er trägt keinem etwas nach.

Wer liebt, freut sich nicht, wenn der andere Fehler macht, sondern wenn er das Rechte tut.
Wer liebt, gibt niemals jemanden auf. In jeder Lage vertraut und hofft er für ihn. Alles nimmt er geduldig auf sich.
Alles wird aufhören; nur Glaube, Hoffnung und die Liebe nicht. Diese drei bleiben; aber die Liebe ist das Größte.
(Nach 1. Korinther 13,1-13, gekürzt. Kronprinzessin Victoria von Schweden las diesen Text bei der Trauung ihres Bruders Carl Philip am 13. Juni 2015 in der Schlosskirche zu Stockholm.)

Ermutigt ihr euch gegenseitig

Es gibt über euch so viel Gutes zu berichten: Als Menschen, die mit Christus verbunden sind, ermutigt ihr euch gegenseitig und seid zu liebevollem Trost bereit. Man spürt bei euch etwas von der Gemeinschaft, die der Geist Gottes bewirkt, und herzliche, mitfühlende Liebe verbindet euch. Darüber freue ich mich sehr. Vollkommen aber ist meine Freude, wenn ihr euch ganz einig seid, in der einen Liebe miteinander verbunden bleibt und fest zusammenhaltet. Weder Eigennutz noch Streben nach Ehre sollen euer Handeln bestimmen. Im Gegenteil: Seid bescheiden und achtet den anderen mehr als euch selbst. Denkt nicht an euren eigenen Vorteil. Jeder von euch soll das Wohl des anderen im Auge haben.
(Philipper 2,1-4 / Hoffnung für Alle)

Zieht die Liebe an wie ein Kleid

Ihr seid von Gott erwählt, der euch liebt und zu seinem heiligen Volk gemacht hat. Darum zieht nun wie eine neue Bekleidung alles an, was den neuen Menschen ausmacht: herzliches Erbarmen, Freundlichkeit, Bescheidenheit, Milde, Geduld. Ertragt einander! Seid nicht nachtragend, wenn euch jemand Unrecht getan hat, sondern vergebt einander, so wie der Herr euch vergeben hat. Und über das alles zieht die Liebe an, die alles andere in sich umfasst. Sie ist das Band, das euch zu vollkommener Einheit zusammenschließt. Der Frieden, den Christus schenkt, muss euer ganzes Denken und Tun bestimmen. In diesen Frieden hat Gott euch alle miteinander gerufen; ihr seid ja durch Christus ein Leib. Werdet dankbar! Gebt dem Wort Raum, in dem Christus bei euch gegenwärtig ist. Lasst es seinen ganzen Reichtum unter euch entfalten. Unterweist und ermahnt einander mit aller Weisheit. Singt Gott von ganzem Herzen Psalmen, Hymnen, Loblieder, wie seine Gnade sie schenkt und sein Geist sie euch eingibt. Alles, was ihr tut und was ihr sagt, soll zu erkennen geben, dass ihr Jesus, dem Herrn, gehört. Euer ganzes Leben soll ein einziger Dank sein, den ihr Gott, dem Vater, durch Jesus Christus darbringt. *(Kolosser 3,12-17 / Gute Nachricht)*

Freut euch mit den Fröhlichen, weint mit den Weinenden

Eure Liebe sei ohne Heuchelei. Verabscheut das Böse, haltet fest am Guten! Seid einander in (brüderlicher) Liebe zugetan, übertrefft euch in gegenseitiger Achtung! Freut euch mit den Fröhlichen und weint mit den Weinenden! *(Römer 12, Verse 9.10.15 / Einheitsübersetzung. Zur Trauung von Prinz Carl Philip von Schweden mit Sofia las diesen Text Lina, eine Schwester der Braut.)*

An Liebe und Treue soll es dir nie fehlen

An Liebe und Treue zu anderen soll es bei dir niemals fehlen. Schmücke dich damit wie mit einer Halskette! So findest du Beifall und Anerkennung bei Gott und den Menschen. Verlass dich nicht auf deinen Verstand, sondern setze dein Vertrauen ungeteilt auf den Herrn! Denk an ihn bei allem, was du tust; er wird dir den richtigen Weg zeigen. Halte dich nicht selbst für klug und erfahren, sondern nimm den Herrn ernst und bleib allem Unrecht fern! Das ist eine Medizin, die dich rundum gesund erhält und deinen Körper erfrischt.
(Sprüche 3,3-8 / Gute Nachricht)

Habt Geduld und sucht die Liebe

Erhebt euch nicht über andere, sondern seid immer freundlich. Habt Geduld und sucht in Liebe miteinander auszukommen. Bemüht euch darum, die Einheit zu bewahren, die der Geist Gottes euch geschenkt hat. Der Frieden, der von Gott kommt, soll euch alle miteinander verbinden! Ihr alle seid ja ein Leib, in euch allen lebt ein Geist, ihr alle habt die eine Hoffnung, die Gott euch gegeben hat, als er euch in seine Gemeinde berief. Es gibt für euch nur einen Herrn, nur einen Glauben und nur eine Taufe. Und ihr kennt nur den einen Gott, den Vater von allem, was lebt. Er steht über allen. Er wirkt durch alle und in allen. *(Epheser 4,2-6 / Gute Nachricht)*

So sollt ihr sein

Versündigt euch nicht, wenn ihr in Zorn geratet! Versöhnt euch wieder und lasst die Sonne nicht über eurem Zorn untergehen. Lasst ja kein giftiges Wort über eure Lippen kommen! Seht lieber zu, dass ihr für die anderen, wo es nötig ist, ein gutes Wort habt, das weiterhilft und denen wohl tut, die es hören. Weg also mit aller Verbitterung, mit Aufbrausen, Zorn und jeder Art von Beleidigung! Schreit einander nicht an! Legt jede feindselige Gesinnung ab! Seid freundlich und hilfsbereit zueinander und vergebt euch gegenseitig, was ihr einander angetan habt, so wie Gott euch durch Christus vergeben hat, was ihr ihm angetan habt.
(Epheser 4,26.29.31f. / Gute Nachricht)

Liebt einander von Herzen!

Liebt einander von Herzen, und ehrt euch gegenseitig in zuvorkommender Weise. Werdet im Eifer nicht nachlässig, sondern lasst euch vom Geist Gottes entflammen. Dient in allem Christus, dem Herrn. Seid fröhlich als Menschen der Hoffnung, bleibt standhaft in aller Bedrängnis, lasst nicht nach im Gebet. Sorgt für alle in der Gemeinde, die Not leiden, und wetteifert in der Gastfreundschaft. Wünscht denen, die euch verfolgen, Gutes. Segnet sie, anstatt sie zu verfluchen. Freut euch mit den Fröhlichen und weint mit den Traurigen. Seid auf Einigkeit bedacht. Strebt nicht hoch hinaus, sondern haltet Gemeinschaft mit den Verachteten. Verlasst euch nicht auf eure eigene Klugheit. Wenn euch jemand Unrecht tut, zahlt es nie mit gleicher Münze heim. Seid darauf bedacht, vor den Augen aller Menschen bestehen zu können. *(Römer 12,10-17 / Gute Nachricht)*

Wer liebt

Bleibt niemand etwas schuldig – außer der Schuld, die ihr niemals abtragen könnt: der Liebe, die ihr einander erweisen sollt. Wer den Mitmenschen liebt, hat alles getan, was das Gesetz fordert. Ihr kennt die Gebote: „Brich nicht die Ehe, morde nicht, beraube niemand, blicke nicht begehrlich auf das, was anderen gehört." Diese Gebote und alle anderen sind in dem einen Satz zusammengefasst: „Liebe deinen Mitmenschen wie dich selbst." Wer liebt, fügt seinem Mitmenschen nichts Böses zu. Also wird durch die Liebe das ganze Gesetz erfüllt.
(Römer 13,8-10 / Gute Nachricht)

Wenn wir einander lieben, lebt Gott in uns

Ihr Lieben, wir wollen einander lieben, denn die Liebe kommt von Gott! Wer liebt, hat Gott zum Vater und kennt ihn. Wer nicht liebt, hat Gott nicht erkannt; denn Gott ist Liebe. Dadurch ist Gottes Liebe unter uns offenbar geworden, dass er seinen einzigen Sohn in die Welt sandte. Durch ihn wollte er uns das neue Leben schenken. Das Einzigartige an dieser Liebe ist: Nicht wir haben Gott geliebt, sondern er hat uns geliebt. Er hat seinen Sohn gesandt, damit er durch seinen Tod Sühne leiste für unsere Schuld. Ihr Lieben, wenn Gott uns so sehr geliebt hat, dann müssen auch wir einander lieben.
(1. Johannes 4,7-11 / Gute Nachricht)

Mächtige Wasser können die Liebe nicht löschen

Dieser Bibeltext wurde bei der Trauung von Prinz Harry mit Meghan Markle am 19. Mai 2018 in der St. Georgs-Kapelle zu Windsor gelesen. Bei der Trauung von Prinz Carl Philip von Schweden mit Sofia Hellqvist las Sara, eine Schwester der Braut, diesen Text:

Die Blumen erscheinen im Land, die Zeit zum Singen ist da. Die Stimme der Turteltaube ist zu hören in unserem Land. Am Feigenbaum reifen die ersten Früchte, die blühenden Reben duften. Steh auf, meine Freundin, meine Schöne, so komm doch! Leg mich wie ein Siegel auf dein Herz, wie ein Siegel auf deinen Arm, denn stark wie der Tod ist die Liebe, die Leidenschaft ist hart wie die Unterwelt! Ihre Gluten sind Feuergluten, gewaltige Flammen. Mächtige Wasser können die Liebe nicht löschen, auch Ströme schwemmen sie nicht hinweg. Böte einer für die Liebe den ganzen Reichtum seines Hauses, nur verachten würde man ihn. *(Hohelied Salomos 2,10-13 und 8,6.7 / Einheitsübersetzung)*

Einer allein ist hilflos

Eine Zusammenstellung von Texten aus dem biblischen Buch „Prediger Salomo" (Kohelet): 4,8-12 unter Einbeziehung von 1,8; 5,9 und 6,7. Diese biblische Lesung zeigt, wie schön es ist, nicht allein durch das Leben zu gehen:

Da ist ein Mensch allein und kein zweiter teilt mit ihm den Lebensweg. Für wen müht er sich ab? Solange er allein ist, werden seine Begierden nie gestillt. Seine Mühen haben kein Ende und kein Ziel. Vergeblich fragt er sich nach dem Sinn des Lebens. Warum lässt er seine Seele Gutes entbehren? All deine Begierden werden nicht gestillt und deine Seele wird nicht gefüllt, solange du allein bist. Auch wenn du gerne schaust, allein wird dein Auge nicht satt zu sehen; wenn du gerne hörst, allein wird dein Ohr nie zufrieden sein. Wer gerne isst, wird des Essens nicht satt, wer das Geld liebt, wird darin keine Befriedigung finden, denn er ist allein. Gott spricht zu diesem Menschen: „Du Tor, für wen tust du all dies? Was du bereitet hast, für wen wird all dies sein." Es ist nicht gut, dass der Mensch allein ist! Ja, zwei sind besser dran als ein einzelner Mensch, denn dann lohnt sich die Mühe, dann erhält das Leben Sinn. Stelle dir nur vor, wenn einer von beiden fällt – dann ist jemand da, der ihn aufrichtet. Wehe dem Einzelnen, wenn er fällt. Wenn ein einzelner Mensch im Bett liegt und friert, dann kann er so viele Decken nehmen, wie er will – fehlt ihm ein Mensch, so wird ihm nicht warm werden. Doch zwei können sich gegenseitig wärmen. Und stell dir vor, ein einzelner Mensch wird überwältigt. Hilflos ist er allein. Doch zu zweit haben sie Widerstandskraft. Eine Schnur, wenn sie nur aus einem Faden besteht, ist sie schwach. Doch eine geflochtene Schnur hält viel aus.

Und Gott schuf sie als Mann und Frau

Am Anfang schuf Gott Himmel und Erde. Dann sprach Gott: „Nun wollen wir Menschen machen, ein Abbild von uns, das uns ähnlich ist! Sie sollen Macht haben über die Fische im Meer, über die Vögel in der Luft, über das Vieh und alle Tiere auf der Erde und über alles, was auf dem Boden kriecht." So schuf Gott die Menschen nach seinem Bild, als Gottes Ebenbild schuf er sie und schuf sie als Mann und als Frau. Und Gott segnete die Menschen und sagte zu ihnen: „Seid fruchtbar und vermehrt euch! Füllt die ganze Erde und nehmt sie in Besitz! Ich setze euch über die Fische im Meer, die Vögel in der Luft und alle Tiere, die auf der Erde leben, und vertraue sie eurer Fürsorge an." Und Gott sah alles an, was er geschaffen hatte, und sah: Es war alles sehr gut. Es wurde Abend und wieder Morgen: der sechste Tag.
(1. Buch Mose 1,1.26-28.31 / Gute Nachricht)

11.

Die 40 beliebtesten Bibelsprüche zur Trauung

Ich werde einen
Engel vorherschicken,
der euch begleitet
auf allen euren Wegen !

Exodus 23,20

Für die Trauung in der evangelischen Kirche wird ein Bibelvers erwartet, der als Motto über der Zeremonie und dem gemeinsamen Lebensweg steht. Für die katholische Trauung ist ein solcher Vers nicht verpflichtend; die Auswahl eines Spruchs als Motto ist aber auch dort verbreitet.

Geordnet sind die Bibelverse hier in der Reihenfolge der biblischen Bücher. Die Übersetzung ist jeweils angegeben. Da sich Übersetzungen allerdings oftmals unterscheiden, ist es aufschlussreich, auch andere Übersetzungen zu prüfen. Die Webseite bible server.com bietet dazu eine einfache Möglichkeit.

1. 2. Mose (Exodus) 23,20

Ich verspreche euch, ich werde einen Engel vor euch hersenden, der euch unterwegs beschützt und euch sicher in das Land bringt, das ich für euch bestimmt habe. *(Gute Nachricht)*

2. Josua 1,9

Habe ich dir nicht befohlen: Sei mutig und stark? Fürchte dich also nicht und hab keine Angst; denn der Herr, dein Gott, ist mit dir überall, wo du unterwegs bist. *(Einheitsübersetzung)*

3. Rut 1,16

Wo du hingehst, da will ich auch hingehen; wo du bleibst, da bleibe ich auch. Dein Volk ist mein Volk, und dein Gott ist mein Gott. *(Lutherbibel/Einheitsübersetzung)*

4. Psalm 16,11

Du, Gott, tust mir kund den Weg zum Leben: Vor dir ist Freude die Fülle und Wonne zu deiner Rechten ewiglich. *(Lutherbibel)*

Du, Gott, führst mich den Weg zum Leben. In deiner Nähe finde ich ungetrübte Freude; aus deiner Hand kommt mir ewiges Glück. *(Gute Nachricht)*

5. Psalm 36,8

Wie köstlich ist deine Güte, Gott, dass Menschenkinder unter dem Schatten deiner Flügel Zuflucht haben! *(Lutherbibel)*

Deine Liebe ist unvergleichlich. Du bist unser Gott, du breitest deine Flügel über uns und gibst uns Schutz. *(Gute Nachricht)*

6. Psalm 55,23

Wirf deine Last ab, übergib sie Gott; er selber wird sich um dich kümmern! Niemals lässt er die im Stich, die ihm die Treue halten. *(Gute Nachricht)*

7. Psalm 62,9

Vertraut Gott zu jeder Zeit! Schüttet euer Herz vor ihm aus! Denn Gott ist unsere Zuflucht. *(Einheitsübersetzung)*

8. Psalm 67,2

Gott sei uns gnädig und segne uns. Er lasse sein Angesicht über uns leuchten. *(Einheitsübersetzung)*

9. Psalm 106,1

Halleluja! Danket Gott; denn er ist freundlich, und seine Güte währet ewiglich. *(Lutherbibel)*

10. Psalm 121,2

Meine Hilfe kommt von Gott, der Himmel und Erde gemacht hat. *(Einheitsübersetzung)*

11. Psalm 126,3

Gott hat Großes an uns getan; des sind wir fröhlich. *(Lutherbibel)*

12. Psalm 139,3

Ich gehe oder liege, so bist du, Gott, um mich und siehst alle meine Wege. *(Lutherbibel)*

13. Sprichwörter 3,6

Suche Gott zu erkennen auf all deinen Wegen, dann ebnet er selbst deine Pfade! *(Einheitsübersetzung)*

14. Sprichwörter 16,9

Das Menschenherz macht Pläne – ob sie ausgeführt werden, liegt bei Gott. *(Gute Nachricht)*

15. Hohelied 8,7

Kein Wasser kann die Glut der Liebe löschen, und keine Sturzflut schwemmt sie je hinweg. Wer meint, er könne solche Liebe kaufen, der ist ein Narr, er hat sie nie gekannt! *(Gute Nachricht)*

16. Jesaja 26,4

Verlasst euch stets auf Gott; denn Gott, der Herr, ist ein ewiger Fels. *(Einheitsübersetzung)*

17. Jesaja 40,31

Die aber auf den Herrn hoffen, empfangen neue Kraft, wie Adlern wachsen ihnen Flügel. Sie laufen und werden nicht müde, sie gehen und werden nicht matt. *(Einheitsübersetzung)*

18. Jesaja 46,4

Auch bis in euer Alter bin ich derselbe, und ich will euch tragen, bis ihr grau werdet. Ich habe es getan; ich will heben und tragen und erretten. *(Lutherbibel)*

19. Jesaja 54,10

Berge mögen von ihrer Stlle weichen und Hügel wanken, aber meine Liebe zu dir kann durch nichts erschütert werden. *(Gute Nachricht)*

20. Jesaja 55,12

In Freude werdet ihr ausziehen und in Frieden heimgebracht werden. Berge und Hügel brechen vor euch in Jubel aus und alle Bäume auf dem Feld klatschen in die Hände. *(Einheitsübersetzung)*

21. Sacharja 2,14

„Freut euch und jubelt", sagt Gott. „Ich komme und wohne mitten unter euch." *(Gute Nachricht)*

22. Matthäusevangelium 19,6

Sie sind also nicht mehr zwei, sondern ein Fleisch. Was aber Gott verbunden hat, das darf der Mensch nicht trennen. *(Einheitsübersetzung)*

23. Johannesevangelium 15,9

So wie der Vater mich liebt, habe ich euch meine Liebe erwiesen. Bleibt in dieser Liebe! *(Gute Nachricht)*

24. Johannesevangelium 15,12

Das ist mein Gebot, dass ihr einander liebt, wie ich euch liebe. *(Lutherbibel/Einheitsübersetzung)*

25. Römerbrief 13,8

Niemandem bleibt etwas schuldig, außer der gegenseitigen Liebe! Wer den andern liebt, hat das Gesetz erfüllt. *(Einheitsübersetzung)*

26. 1. Korintherbrief 13,4

Die Liebe ist langmütig, die Liebe ist gütig. Sie ereifert sich nicht, sie prahlt nicht, sie bläht sich nicht auf. *(Einheitsübersetzung)*

27. 1. Korintherbrief 13,7f.

Die Liebe gibt nie jemand auf, in jeder Lage vertraut und hofft sie für andere; alles erträgt sie mit großer Geduld. Niemals wird die Liebe vergehen. *(Gute Nachricht)*

28. 1. Korintherbrief 13,13

Nun aber bleiben Glaube, Hoffnung, Liebe, diese drei; aber die Liebe ist die Größte unter ihnen. *(Lutherbibel)*

29. 1. Korintherbrief 16,14

Alles, was ihr tut, geschehe in Liebe. *(Einheitsübersetzung)*

30. Galaterbrief 6,2

Helft einander, eure Lasten zu tragen. So erfüllt ihr das Gesetz, das Christus uns gibt. *(Gute Nachricht)*

31. Epheserbrief 4,3

Bemüht euch darum, die Einheit zu bewahren, die der Geist Gottes euch geschenkt hat. Der Frieden, der von Gott kommt, soll euch miteinander verbinden! *(Gute Nachricht)*

32. Epheserbrief 4,32

Seid untereinander freundlich und herzlich und vergebt einer dem andern, wie auch Gott euch vergeben hat in Christus. *(Lutherbibel)*

33. Philipperbrief 2,2

Macht meine Freude dadurch vollkommen, dass ihr eines Sinnes seid, gleiche Liebe habt, einmütig und einträchtig seid. *(Lutherbibel)*

34. Philipperbrief 2,3

Tut nichts aus Eigennutz oder um eitler Ehre willen, sondern in Demut achte einer den andern höher als sich selbst. *(Lutherbibel)*

35. Philipperbrief 2,4

Jeder achte nicht nur auf das eigene Wohl, sondern auch auf das der anderen. *(Einheitsübersetzung)*

36. Philipperbrief 4,13

Allem bin ich gewachsen durch den, der mich stark macht. *(Gute Nachricht)*

37. 2. Thessalonicherbrief 3,3

Aber der Herr ist treu; er wird euch Kraft geben und euch vor dem Bösen bewahren. *(Einheitsübersetzung)*

38. 1. Timotheusbrief 6,11

Strebe nach Gerechtigkeit, Frömmigkeit, Glauben, Liebe, Standhaftigkeit und Sanftmut! *(Einheitsübersetzung)*

39. 1. Petrusbrief 5,7

Alle eure Sorge werft auf ihn; denn er sorgt für euch. *(Lutherbibel)*

40. 1. Johannesbrief 4,16

Gott ist Liebe; und wer in der Liebe bleibt, der bleibt in Gott und Gott in ihm. *(Lutherbibel/Einheitsübersetzung)*

12.

Die schönsten Weisheiten über die Liebe

Eine weltliche Weisheit über die Liebe kann als Motto über der Trauzeremonie stehen. Das gilt für Trauung im Standesamt, in der katholischen Kirche und für die freie Trauung. Die evangelische Kirche erwartet als Trauspruch allerdings einen Bibelvers.

1. Liebe besteht nicht darin, dass man einander ansieht, sondern dass man gemeinsam in die gleiche Richtung blickt. *(Antoine de Saint-Exupéry)*

2. Das Lebensglück erblüht nur in Zärtlichkeit. *(Roger Moser)*

3. Einzeln sind wir Worte, zusammen ein Gedicht. *(Georg Bydlinski)*

4. Wenn die Liebe dich lockt, so folge ihrem Ruf, sind ihre Wege auch steinig und steil. *(Khalil Gibran, „Der Prophet")*

5. Liebe will nicht vereinnahmen und lässt sich nicht besitzen; denn die Liebe ist zufrieden mitten in Liebe. *(Khalil Gibran, „Der Prophet")*

6. Die Liebe allein versteht das Geheimnis, andere zu beschenken und dabei selbst reich zu werden. *(Clemens von Brentano)*

7. Die Summe unseres Lebens sind die Stunden, wo wir lieben. *(Wilhelm Busch)*

8. Hier ist mein Geheimnis. Es ist ganz einfach: Man sieht nur mit dem Herzen gut. Das Wesentliche ist für die Augen unsichtbar. *(Antoine de Saint-Exupéry)*

9. Die Menschen haben diese Wahrheit vergessen: Du bist zeitlebens für das verantwortlich, was du dir vertraut gemacht hast. *(Antoine de Saint-Exupéry)*

10. Es gibt keinen besseren Maßstab der Liebe als Vertrauen. *(Meister Eckhart)*

11. Wenn die Liebe der Gewöhnung widersteht, hat sie nichts zu befürchten. *(Alfred de Musset)*

12. Ein Tropfen Liebe ist mehr als ein Ozean Verstand. *(Blaise Pascal)*

13. Je mehr Liebe man gibt, desto mehr besitzt man davon. *(Rainer Maria Rilke)*

14. Das Erste in der Liebe ist der Sinn füreinander und das Höchste der Glaube aneinander. *(Friedrich Schlegel)*

15. Liebt einander, aber macht die Liebe nicht zur Fessel: Lasst sie eher ein wogendes Meer zwischen den Ufern eurer Seelen sein. *(Khalil Gibran, „Der Prophet")*

16. Das Liebhaben ist gewiss das größte Wunder im Himmel und auf Erden und das Einzige, von dem ich mir vorstellen kann, dass ich es in Ewigkeit nicht satt bekommen werde! *(Caroline Claudius-Perthes)*

17. Die Liebe bewegt die Sonne und die anderen Sterne, und sie bewegt auch uns. *(Dante Alighieri)*

18. Einen Menschen lieben heißt, ihn so sehen, wie Gott ihn gemeint hat. *(Fjodor Michailowitsch Dostojewski)*

19. Entscheide dich stets für die Liebe! Wenn du dich ein für alle Mal dazu entschlossen hast, wirst du die ganze Welt bezwingen.
(Fjodor Michailowitsch Dostojewski)

20. Wenn ihr liebt, werden sich euch die Geheimnisse des Göttlichen offenbaren.
(Fjodor Michailowitsch Dostojewski)

21. Steht beieinander, doch steht nicht zu nah beisammen: Seht, jede Säule des Tempels steht für sich, und auch die Eiche sowie die Zypresse gedeihen nicht im Schatten der anderen.
(Khalil Gibran, „Der Prophet")

22. Das lasst eure Sehnsucht sein: in der Frühe aufzuwachen mit beflügeltem Herzen und zu danken für einen neuen Tag der Liebe.
(Khalil Gibran, „Der Prophet")

23. Der hat immer etwas zu geben, dessen Herz voll ist von Liebe. *(Augustinus)*

24. Die Liebe hemmet nichts; sie kennt nicht Tür noch Riegel und dringt durch alles sich. Sie ist ohn Anbeginn, schlug ewig ihre Flügel und schlägt sie ewiglich.
(Matthias Claudius)

25. Die wahre Liebe ist unermesslich und deswegen unzerstörbar für alle Zeit. *(Joseph von Görres)*

26. Solange man liebt, solange man lebt, solange man strebt und Liebe gibt, ist's Leben auch lebenswert. *(Klaus Groth)*

27. Was ist denn Liebe? Sag! Zwei Seelen und ein Gedanke, zwei Herzen und ein Schlag. *(Friedrich Halm)*

28. Die Liebe trägt die Seele, wie die Füße den Leib tragen. *(Katharina von Siena)*

29. Wenn Menschen sich lieben, dann bleiben sie jung füreinander. *(Paul Ernst)*

30. Was ist alles, was in Jahrtausenden die Menschen taten und dachten, gegen einen Augenblick der Liebe? *(Friedrich Hölderlin)*

13.

Geschichten

Geschichten zu Liebe, Vertrauen, Zusammenleben und Glück können bei der Trauung auf verschiedene Weise Verwendung finden.

Eine Geschichte kann im Rahmen der Trauzeremonie als Lesung dienen und auch Grundlage für eine Ansprache sein. Gedruckt auf einen Bogen edles Papier kann sie ein Geschenk sein oder an ein kleines symbolisches Geschenk angehängt werden.

Der ewig Kleine Prinz und das Trauversprechen

Vor vielen Jahren begleitete ein kleiner Prinz, der von einem winzigen Planeten gekommen war, den Dichter Saint Exupéry durch die Wüste. Dieser ewig kleine Prinz ist seitdem immer wieder mal zurückgekommen, denn er liebte die Erde und die Menschen, für die er den Namen „wunderbare Wesen“ hatte.

Diesmal landete er auf einer herbstlichen Wiese direkt neben einem jungen Paar, das unter einem mächtigen Baum saß. „Ich bin der ewig Kleine Prinz“, stellte er sich vor. „Ich will euch nicht stören, doch sagt mir, wieso blickt ihr so traurig?“

„Wir wissen nicht, wie es um unsere Liebe steht“, erklärte der Mann, „darum sind wir hier: um nachzudenken.“

„Irgendwie sind wir in einer Krise“, sagte die Frau. „Wir fragen uns, welche Zukunft unsere Liebe hat.“

„Oh“, sagte der ewig kleine Prinz.

Sie schwiegen miteinander, betrachteten die fallenden Blätter, lauschten dem Rauschen des nahen Baches. Der Mann kauerte sich zusammen, die Frau schloss ihre Jacke, als merkten beide jetzt erst, dass es kühl geworden war im Park.

Die Frau blickte den ewig kleinen Prinzen an. „Du bist doch Experte in Sachen Liebe. Was kannst du uns raten?“

„Ich“, sagte der ewig kleine Prinz, „kenne mich in der Liebe nicht so gut aus wie ihr Menschen. Experte bin ich im Reisen von Land zu Land, von Planet zu Planet und durch die Zeit. Fasst euch an der Hand und nehmt auch meine Hand. Ich nehme euch mit auf eine Reise durch die Zeit, eine kurze Reise nur.“

Kaum hatten sich ihre Hände berührt, da standen sie in einer Hochzeitskirche direkt vor dem Altar.

„Wie habe ich mich nach dir gesehnt, habe geträumt, einen Augenblick dir nahe zu sein. Der Augenblick hat mich schon glücklich gemacht, doch er ist mir nicht mehr genug – selbst eine Stunde ist nicht mehr genug, ein Tag ist nicht mehr genug“, sprach der Mann, nahm ihre Hand und streifte den Ring auf ihren Finger.

Sie nahm seine Hand und sprach: „Ein Leben lang muss es schon sein. Ich werde niemals müde von der Liebe, die du mir gibst. Darum sage ich Ja. Ja, ich will dich lieben und dir treu sein, solange ich lebe.“

Kaum hatten die beiden diese Sätze ausgesprochen, waren sie wieder zurück unter dem Baum im Park. Sie hielten sich weiter an den Händen.

„Ja, mit der Zeit vergisst man viel“, sagte der Mann.

„Wenn die Erinnerung verblasst, stirbt die Liebe?“, fragte der Prinz. „Ist es so bei euch Menschen?“

„Nein", sagte die Frau, „wenn Herzen sich schließen, stirbt die Liebe, und die Erinnerung an alles Lebenswerte verblasst."

„Aha", sagte der Prinz, „das will ich mir gerne merken: Wenn Herzen sich schließen, stirbt die Liebe und es verblasst die Erinnerung an alles Lebenswerte."

Die Frau schaute dem Mann in die Augen: „Ein Leben lang muss es schon sein. Ich werde niemals müde von der Liebe, die du mir gibst."

„Niemand weiß genau, was die Zukunft uns bringt, aber ich weiß ganz genau, dass unsere Liebe lebt, wenn unsere Herzen sich immer wieder öffnen", ergänzte der Mann.

„Die Herzen der Menschen können sich also verschließen, aber sie können sich wieder öffnen. Ihr Menschen seid wunderbare Wesen", sagte der ewig kleine Prinz. „Nun muss ich weiterreisen. Vielleicht treffe ich euch mal wieder hier unter dem Baum, dann vielleicht im Frühling."

Man sieht nur mit dem Herzen gut

Es war einmal ein kleiner Prinz auf einem fernen Planeten. Dieser Planet war sehr klein, nicht größer als unsere Kirche. Der kleine Prinz lebte dort allein. Na ja, nicht ganz allein, denn dort wuchs eine Rose, eine einzige Rose, mehr nicht. Der Prinz liebte seine Rose über alles. Wenn sie traurig war, tröstete er sie, wenn der Wind gegen die Blüte blies, umschloss er sie mit seinen Händen, wenn eine Raupe an den Blättern nagen wollte, stülpte er ein schützendes Glas über sie.

Eines Tages musste der Prinz seine Rose für kurze Zeit allein lassen, denn er flog zur Erde. Er landete hier mitten in einem Rosenfeld, sah die vielen Rosen und wurde sehr traurig. „Ich dachte, es gäbe nur eine Rose im ganzen Universum", sagte er, „meine Rose. Ich dachte, sie sei etwas Besonderes. Doch es gibt so viele, und sie sind alle gleich schön. Ich weiß gar nicht mehr, warum ich meine Rose so sehr liebe."

In diesem Moment erschien ein Fuchs. „Wer bist du?", fragte der kleine Prinz.

„Ich bin ein Fuchs", sagte der Fuchs.

„Komm, spiel mit mir", schlug der kleine Prinz vor.

„Ich kann nicht mit dir spielen", sagte der Fuchs, „ich bin noch nicht gezähmt! Zähmen bedeutet, sich vertraut zu machen. Noch bin ich für dich nur irgendein Fuchs, doch wenn du mich zähmst, bin ich einzigartig für dich."

Also machte sich der kleine Prinz mit dem Fuchs vertraut. Sie blieben einige Zeit zusammen.

Als die Zeit des Abschieds kam, sagte der Fuchs: „Geh die Rosen wieder ansehen. Du wirst begreifen, dass deine die einzige ist."

Der kleine Prinz ging, die Rosen wiederzusehen. „Ihr seid gar nicht wie meine Rose", sagte er zu ihnen. „Ihr seid, wie mein Fuchs war. Er war nur ein Fuchs wie hunderttausend andere. Aber ich habe ihn zu meinem Freund gemacht. Jetzt ist er der einzige in der Welt. Ihr seid schön, aber leer", sagte er noch. „Meine Rose habe ich begossen. Ich habe sie unter den Glassturz gestellt, sie beschützt, sie von Raupen befreit. Ich habe sie klagen und rühmen gehört und manchmal schweigen. Das ist meine Rose."

Er kam zum Fuchs zurück. „Nun wirst du das Geheimnis verstehen", sagte der Fuchs, „das ich dir mitgebe; es ist ganz einfach: Man sieht nur mit dem Herzen gut; alles Wesentliche ist für das Auge unsichtbar."

Der kleine Prinz wiederholte, um es sich zu merken: „Alles Wesentliche ist für das Auge unsichtbar."

„Noch etwas", sagte der Fuchs. „Die Menschen haben diese Wahrheit vergessen, aber du darfst nie vergessen: Du bist zeitlebens für das verantwortlich, was du dir vertraut gemacht hast. Du bist für deine Rose verantwortlich."

„Ich bin für meine Rose verantwortlich", wiederholte der Prinz, um es sich zu merken.

Das Geheimnis ewigen Eheglücks

In den italienischen Abruzzen nördlich von Rom liegt das Dorf Santo Stefano di Sessanio. Dort erzählt man sich, dass vor langer Zeit, wohl schon zu Beginn des letzten Jahrtausends, eine alte Frau ihrer Enkelin an deren Hochzeitsfest ein Kästchen überreichte. Dazu sprach sie, so ist überliefert:

„Du weißt, dass dein Opa und ich uns in jungen Jahren das Jawort für ein gemeinsames Leben gaben. Bis ins hohe Alter lebten wir miteinander glücklich und zufrieden, bis Gott deinen Opa zu sich rief. Oft wurde ich nach dem Geheimnis unseres Glücks gefragt, und ich verwies stets auf unseren Schatz. Der Schatz ist dieses Kästchen. Unsere Ehe ist manchmal an Grenzen gestoßen, sicherlich; dann schauten wir in das Kästchen und erhielten neue Kraft und Zuversicht. Vor allem öffneten sich unsere Herzen immer wieder füreinander. Der Inhalt des Kästchens war unser Geheimnis. Möge dieser kleine Schatz auch eure Liebe für ewig erhalten."

Das Kästchen wurde von Generation zu Generation weitergegeben. Alle, die es besaßen, verband eine ungebrochene, glückliche Liebe. Wie gerne hätten die anderen Menschen im Ort erfahren, welche Bedeutung es mit dem Schatz hatte, doch der Inhalt blieb das Geheimnis der Paare – bis zu dem Tag, da eine Frau ohne Nachkommen in hohem Alter starb. In ihrem Nachttisch fand man den Schatz. Dieser sollte nun gemeinsamer Besitz werden, und man öffnete das Kästchen in Anwesenheit aller Bewohner des kleinen Ortes.

Welch eine Spannung. Was für einen Schatz würde das Kästchen enthalten? Die Enttäuschung war groß, als man darin nur ein Blatt Papier fand, und größer noch, als man sah, dass es leer war. Man konnte lediglich erkennen, dass es einst einen Text enthalten hatte, doch die Tinte war zur Unkenntlichkeit verblasst.

„Es ist eindeutig", rief jemand, „was auf dem Blatt stand. Es kann nur eine alte Volksweisheit über das Glück der Ehe gewesen sein."

„Nein, es war sicher ein Bibelvers über die Liebe", entgegnete eine Frau. Ein Nachbar meinte dagegen, das Blatt hätte das Treuegelöbnis einer Urahnin enthalten.

Es zeigte sich, dass niemand sicher war, was einst auf dem Blatt geschrieben stand. Sicher ist aber, dass seit diesem Tag jede Braut zur Hochzeit ein Kästchen als Geschenk erhält, dessen Inhalt geheim bleibt. Verbunden wird dieses Geschenk mit der Bitte, es sorgfältig zu verwahren, das Geheimnis zu hüten und immer wieder mal hineinzuschauen, um sich des Schatzes zu vergewissern

Seither – und das sind nun Jahrhunderte – ist dies der Ort mit der geringsten Scheidungsrate Italiens, sicher auch Europas, wenn nicht der ganzen Welt. Niemand kann sich erinnern, dass hier je ein Paar das Versprechen ewiger Liebe und Treue brach. Fragt man im Ort nach dem Grund für so viel Eheglück, lautet die Antwort: „Oggi abiamo noi cassetina", was bedeutet: „Wir haben ja unsere Schatzkästchen!"

Über das Glücklichsein

Der ewig kleine Prinz setzt sich gern zu Menschen auf die Bank im Park. Da begegnet er denen, die innehalten, sich besinnen, ausspannen, zurück oder in die Zukunft blicken und sich zumeist einlassen auf ein Gespräch mit ihm.

„Wir sind zusammen alt geworden", sagte eine Frau.

„Sehr alt", ergänzte der Mann an ihrer Seite. „Aber wir sind dankbar und glücklich, immer noch glücklich."

„Gern lerne ich etwas über das Glücklichsein", sagte der ewig kleine Prinz. „Ich habe schon viel gelernt über Traurigkeit, über Sorge und Not, wenig über das Glück. Ich spüre, ihr lebt glücklich miteinander, ihr strahlt es aus. Sicher ist euer Zusammenleben geprägt von Harmonie und ihr habt euch nie gestritten."

„Nie gestritten?", wiederholt der Mann, „wir ...

„Sehr oft", fiel ihm die Frau ins Wort. „Oh doch, wir haben immer wieder Meinungsverschiedenheiten ausgetragen. Dennoch blicken wir dankbar auf die gemeinsame Zeit zurück; wir sind glücklich."

„Dankbar seid ihr, weil ihr sicher viel Glück hattet. Ihr bliebt verschont von Krankheit und Schmerz, von Trauer und Rückschlägen", sprach der kleine Prinz. „Das erklärt eure Zufriedenheit."

„Krankheit", antwortete der Mann, „davon können wir ein Lied singen."

„Und von Schmerzen", ergänzte die Frau, „auch von traurigen Zeiten."

„Ich dachte, ihr seid so glücklich, weil euer Leben verschont war von Sorge und Not. Aber ihr habt alle Höhen und Tiefen eines Menschenlebens durchlebt", sagte der kleine Prinz. „Und doch sprecht ihr von Glück."

„Wenn ich auf unser Leben zurückschaue", sagte die Frau, „denke ich, wir sind noch heute so glücklich, weil wir stets dankbar waren, immer wieder dankbar."

„Bald geht einer von uns voraus", fügte der Mann an. „Der andere sitzt dann allein auf dieser Bank und blickt zurück."

„Das Glück wird dann wie weggeblasen sein", sagte der kleine Prinz. „Schmerz wird das Herz regieren."

„Wenn wir daran denken, kommt schon jetzt Traurigkeit auf. Doch die Dankbarkeit wird bleiben", sagte die Frau, während sie sich eine Träne aus dem Auge wischte. „Die Trauer darf nicht den Dank erdrücken. Das wäre ungerecht den Menschen gegenüber und Gott, der uns so viel schenkte. Und so wird das Glück weiter in unseren Herzen sein, über das Leben hinaus."

„Glück und Dankbarkeit gehören zusammen?", fragte der kleine Prinz.

„Ich denke, Dankbarkeit ist ein wichtiger Schlüssel“, sprach der Mann. „Glücklich kann nur sein, wer dankbar ist. Lässt du auch in schweren Zeiten Dankbarkeit in dein Herz, so wird das Glück nicht ganz erlöschen und es wird die Zeit kommen, da deine Seele wieder aufblüht.“

„Ich habe von euch zwei alten Menschen viel gelernt über das Glück der Menschen“, sagte der ewig kleine Prinz. Und er wiederholte, um es sich zu merken: „Glücklich kann nur sein, wer dankbar ist. Lässt du auch in schweren Zeiten Dankbarkeit in dein Herz, so wird das Glück nicht ganz erlöschen und es wird die Zeit kommen, da deine Seele wieder aufblüht.“

14.

Begrüßung zum Hochzeitsempfang

Findet keine Hochzeitsfeier statt oder findet diese erst zu einem späteren Datum statt, so ist es schön, wenn im Anschluss an die Trauzeremonie zu einem kleinen Hochzeitsempfang eingeladen wird. Solcher Empfang ist auch sinnvoll, wenn nur eine kleine Feier geplant und ein Großteil der Gäste, die an der Zeremonie teilnahmen, nicht zur Hochzeitsfeier eingeladen ist.

In diesen Fällen sollte das Brautpaar jetzt die Gelegenheit zu einer kurzen Begrüßungsrede nutzen.

Zwei überaus glückliche Menschen

Hallo, ihr Lieben, schaut uns an! Wie sehen wir aus? Gut sehen wir hoffentlich aus. Wir haben uns ja auch so schick gemacht wie selten. Schaut uns genau an! Ihr könnt noch etwas entdecken.

Wir sehen hoffentlich glücklich aus; so fühlen wir uns jedenfalls. Ihr seht hier zwei Menschen, die überaus glücklich sind. Kann sich denn etwas Schöneres im Leben ereignen, als dass man zueinander „Ja" sagt: „Ja, für ein ganzes Leben!"

Gern stehen wir mit diesem Glück heute im Mittelpunkt; darum haben wir euch eingeladen, um mit uns anzustoßen. Schön, dass ihr gekommen seid! Ich hoffe, etwas von der Freude in uns springt auch auf euch über. Lasst es euch schmecken.

Glück, Seligkeit, Freude

Hier steht eine geballte Ladung Glück, Seligkeit, Freude – einfach alles Gute, was man sich ausdenken kann. Diese geballte Ladung Glück sind wir zwei. Und wir möchten, dass etwas davon auf euch überspringt. Darum bleiben wir jetzt noch etwas zusammen und genießen dies. Herzlich willkommen! Lasst euch Speise und Trank gut schmecken.

Danke

Jetzt soll ich wohl ein paar Worte sagen. – Das tue ich gern, denn es ist uns beiden ein Bedürfnis, uns zu bedanken. „Danke“ sagen wir aus vollem Herzen den Menschen, die schon im Vorfeld dazu beigetragen haben, dass dies für uns ein so wunderbarer Tag wird. Wir mussten nicht allein organisieren.

Wir hatten so viele eifrige Helfer. Ihr könnt euch kaum vorstellen, wie viel Gedanken man sich machen muss, wie viel Arbeit die Vorbereitung einer Trauung (Hochzeit) macht. Wir zwei sind ja ein starkes Team, doch allein wären wir aufgeschmissen gewesen. Danke euch vielen eifrigen Helferinnen und Helfern, Mitgestalterinnen und Mitgestaltern!

Und dann die besten Gäste der Welt. Schön, dass ihr unser Glück mit uns feiert! Wir sind platt von so vielen Eindrücken, Glückwünschen, Geschenken und starken Worten von euch. Ihr seid es, die uns diesen Tag unvergesslich machen. Danke!

Danke! Ihr habt auf uns angestoßen, habt uns hochleben lassen, habt auf unser Wohl getrunken. Es ist an der Zeit, dass Inga und ich nun auf euer Wohl trinken.

Das Paar erhebt die Gläser und stößt miteinander an.

Auf das Wohl unserer Gäste! Lasst es euch gut gehen (feiert, feiert, feiert). Herzlichen Dank!

Ein wunderbarer Tag

Heut ist ein wunderbarer Tag! Solch besondere Tage im Leben haben meist zwei Seiten. Sie sind ebenso besinnlich und andächtig wie freudig und ausgelassen. Für die besinnliche Seite hat der Pfarrer in der Kirche (die Pfarrerin .../Standesbeamtin) gesorgt. Herzlichen Dank an ihn (an sie)!

Ein paar andächtige Worte möchte ich noch anhängen. Ich bin mit guten Gedanken bei den Menschen, die heute nicht bei uns sein können. Ich denke an die, die nicht hier sein können, weil sie zu weit weg wohnen. Ich denke an die, die krank sind und nicht mitfeiern können. Ich denke mit Liebe an die Menschen, die nicht mehr bei uns sind, von weit oben zuschauen und sich sicher mit uns freuen. Für all diese lieben Menschen erhebe ich das Glas und sage danke.

Dann schaue ich euch an, euch hier im Raum, unsere wunderbaren, verrückten Gäste. Wir sind überwältigt und platt vor lauter Freude. Danke für eure Grüße, Wünsche, lieben Worte und Geschenke!

Danke vor allem, dass ihr da seid! Oft sind wir uns zu zweit genug. Heute wären wir zu zweit sehr einsam. Es ist schön, das Glück miteinander zu feiern. Durch euch ist uns dieser Tag unvergesslich. Darum hebe ich noch einmal das Glas. Auf die Freunde! Auf die Freude! Auf euch! Zum Wohl!

Die Ehe als Teamsport

Liebe Inga, lieber Sven, ihr seid ein junges Team. Ich dagegen habe schon etliche Jahre im Ehe-Team gespielt. So habe überlegt, was ich als erfahrener Ehe-Teamspieler euch Frischlingen als Tipp geben kann, mein Geheimnis eines guten Zusammenspiels. Ich gebe es gern weiter. Es ist nur ein Satz. Er heißt: „Bevor die Sonne untergeht, seid wieder versöhnt." Dieser Satz stammt nicht von mir, auch nicht von Großmutter oder Großvater. Es ist ein Jahrtausende alter Spruch, zu finden in vielen Weisheitsbüchern der Welt. Er ist so alt wie das Heiraten selbst. Bevor die Sonne untergeht, seid wieder versöhnt. Wieso versöhnt? Wollt Ihr euch denn streiten? Natürlich nicht. Aber dieser Rat bedeutet: Ihr dürft stürmisch spielen, mit vollem Einsatz. Ihr seid zwei Menschen mit zwei Meinungen, zwei Charakteren. Bleibt einander treu, doch bleibt euch auch selbst treu. Sagt eure Meinung, vertretet eure Interessen. Ihr dürft durchaus mal streiten. Da gibt es mal ein Faul, eine gelbe Karte oder einen Platzverweis. Es wäre doch langweilig, wenn es anders wäre. Aber das klappt nur so: Versöhnt euch, bevor die Sonne untergeht. Tragt Uneinigkeit nie in den nächsten Tag. Als Paar, das sich liebt, kann man einen Platzverweis wieder zurücknehmen, abends vor dem Schlafengehen oder spätestens im Bett. Ich wünsche euch ein gutes Spiel miteinander, bleibt ein fantastisches Team. Wir trinken auf euer Wohl! Das Paar lebe hoch!

15.
Zum Anschnitt der Hochzeitstorte

Es gibt unterschiedliche Traditionen und viel Aberglauben rund um die Hochzeitstorte. Mancherorts ist es üblich, sie beim Hochzeitsfest um Mitternacht anzuschneiden. Findet im Anschluss an die standesamtliche, kirchliche bzw. freie Trauung ein kleiner Empfang statt, so ist es stilvoll, wenn der Brautvater oder eine Trauzeugin bzw. ein Trauzeuge einen Toast ausspricht. Dabei kann auch das Anschneiden der Hochzeitstorte eingeleitet werden.

Das Glück des Paares

Ein alter Aberglaube sagt, dass das Eheglück umso größer wird, je mehr Gäste beim Anschneiden der Hochzeitstorte zusehen und dabei gute Wünsche für das Paar haben. Kommt also, schaut und denkt dabei etwas Liebes. Das Glück des Paares wird dann riesig sein!

Schmackhaft wie die Liebe

Es gibt kaum etwas Süßeres als eine Hochzeitstorte. Sie hat die Bedeutung zu zeigen, wie schmackhaft Liebe ist. Kommt, seht und kostet selbst!

Süß wie die Liebe

Von dem Dichter Hermann Claudius stammt der Satz: „Dass zwei sich herzlich lieben, gibt erst der Welt den Sinn, macht sie erst rund und richtig bis an die Sterne hin."

Heute haben wir uns die Ringe angesteckt. Sie zeigen: So rund und richtig wie die Ringe ist unser Leben durch unsere Liebe. Jetzt schneiden wir die Torte an. Sie zeigt: Rund und richtig ist gut, aber rund, richtig und süß ist besser. Drum kommt und kostet, wie süß Liebe sein kann!

Bunt und süß

„Je bunter die Hochzeitstorte, desto gesegneter ist das Brautpaar." So lautet ein alter Spruch zur Hochzeitstorte.

Daher seht nun, wie wunderbar bunt unsere Torte ist. So gesegnet wird unser gemeinsames Leben sein.

Ein anderer alter Spruch lautet: „Je süßer die Hochzeitstorte, desto erfüllter das Liebesleben des Brautpaars."

Kommt, schmeckt und ihr bekommt eine Vorstellung, auf wie viel Süßes und Erfüllendes wir beide uns freuen dürfen!